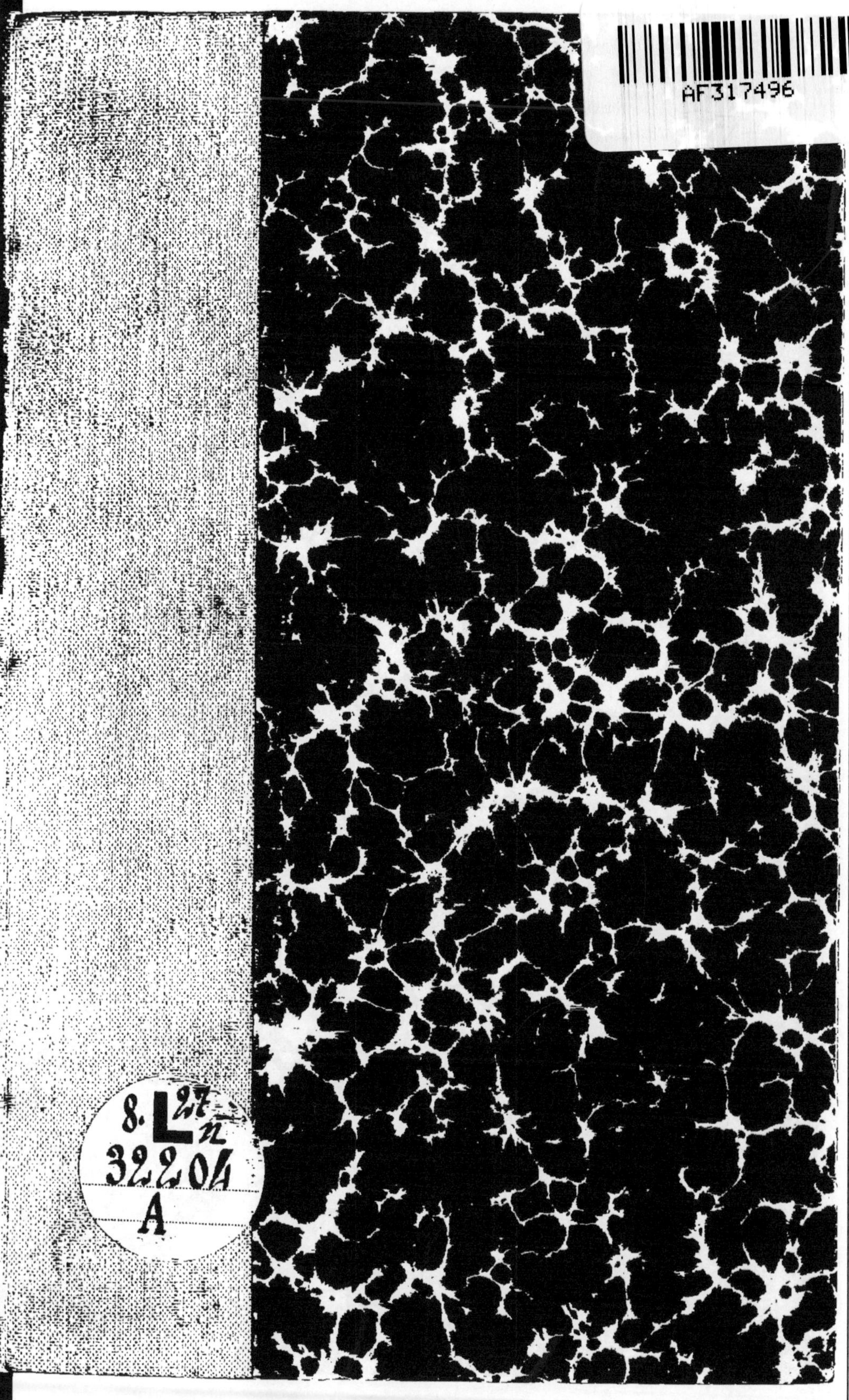

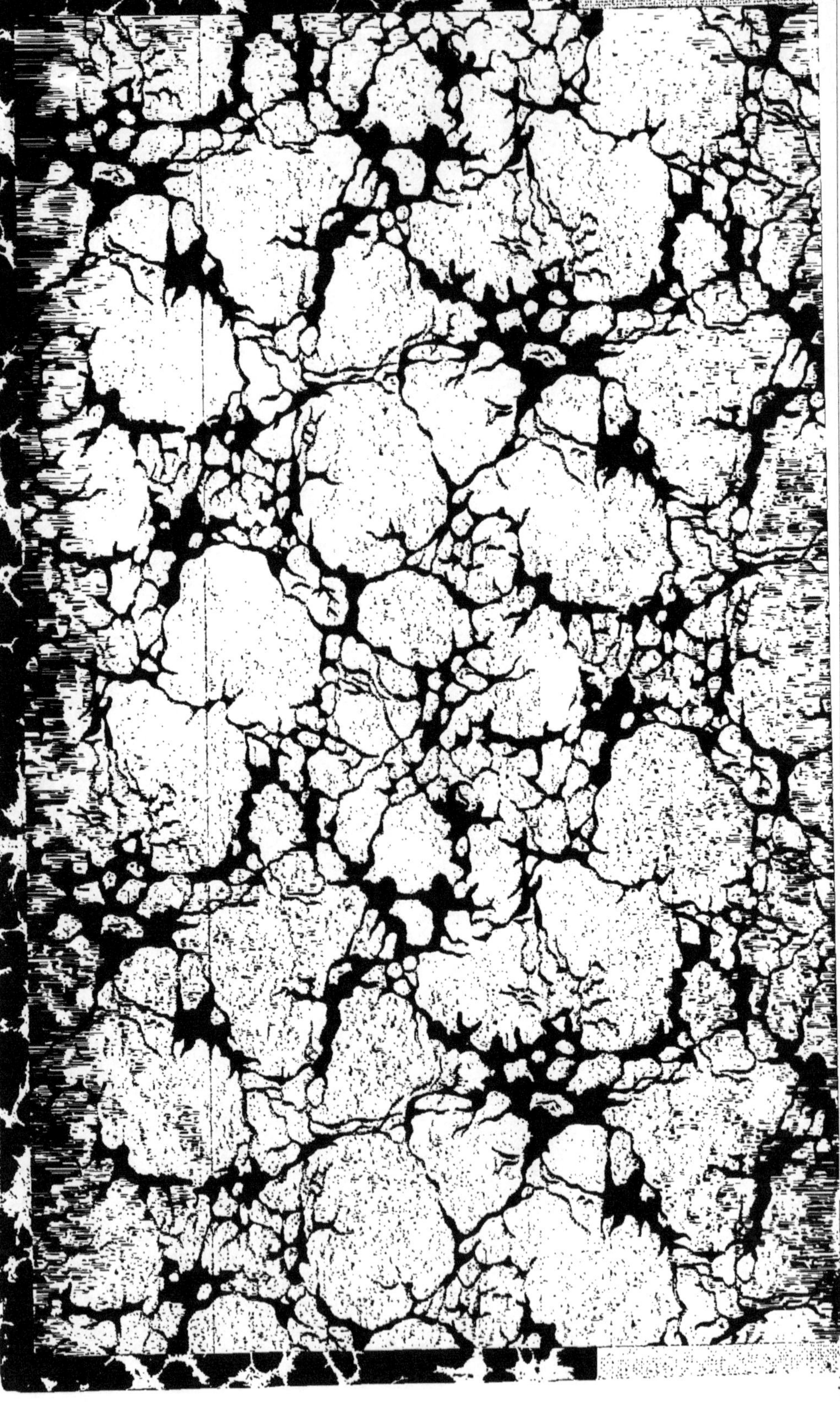

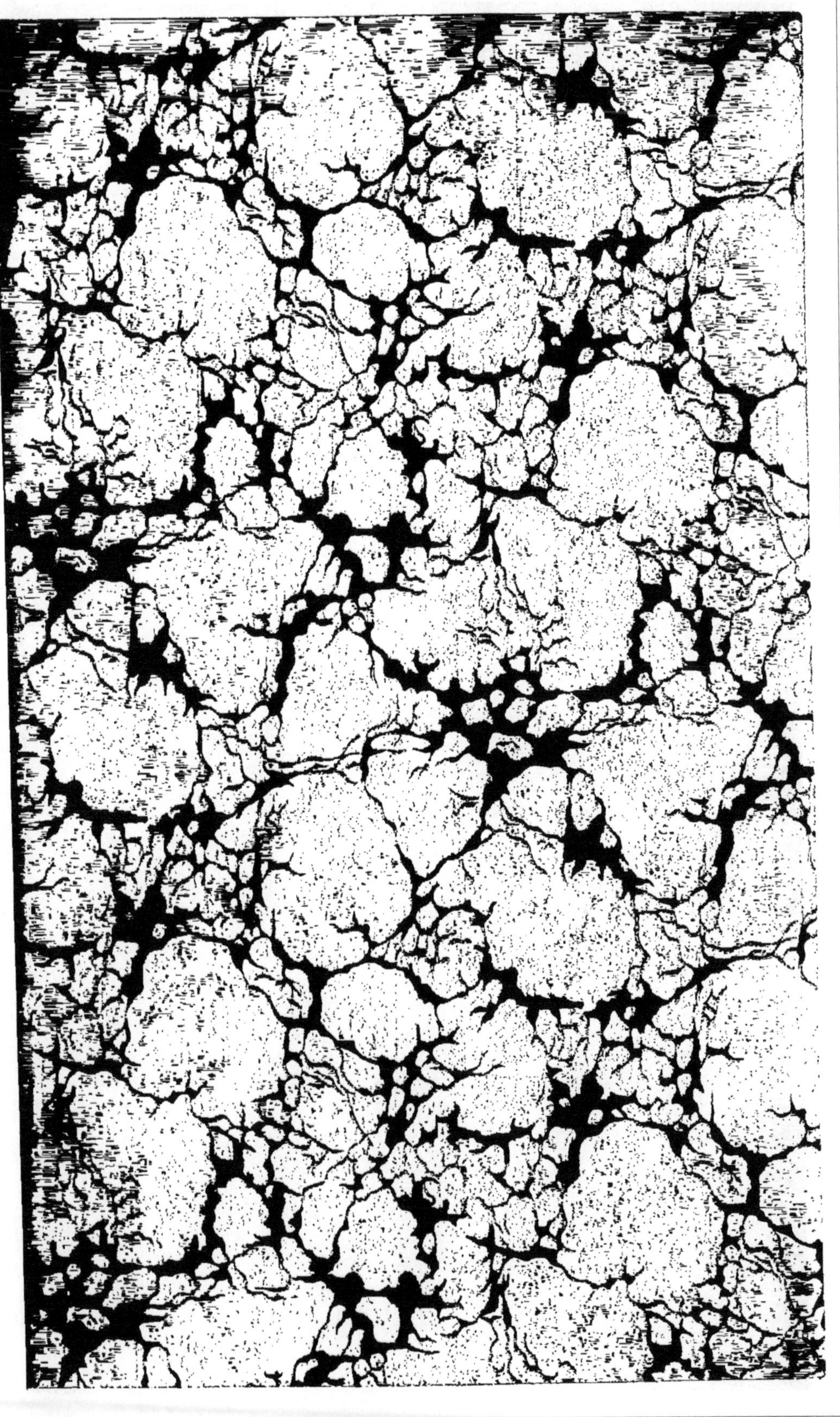

LE

GÉNÉRAL DROUOT.

IN-8°. — 2° SÉRIE.

Napoléon et le Général Drouot

LE

GÉNÉRAL DROUOT

SURNOMMÉ LE SAGE

ESQUISSE BIOGRAPHIQUE

Par ÉDOUARD de LALAING.

LIMOGES

F. F. ARDANT FRÈRES,

Avenue du Midi, 11.

PARIS

F. F. ARDANT FRÈRES,

Quai du Marché-Neuf, 4.

AVANT-PROPOS.

Rien n'a manqué à la gloire de celui dont j'entreprends de retracer la vie.

L'empereur Napoléon l'honora de son amitié.

Le R. P. Lacordaire prononça son oraison funèbre.

Le premier avait su apprécier le vaillant soldat.

Le second voulut rendre hommage au vertueux citoyen qui, pendant le cours de sa longue carrière, ne s'écarta jamais du devoir et donna au monde l'exemple de toutes les vertus.

Pour mieux décrire, à mon tour, la vie si belle et si bien remplie de l'illustre général qui mérita d'être surnommé *Le Sage*, j'ai suivi pas à pas le plan adopté par l'auteur de son brillant panégyrique ; et si je ne suis pas resté au-dessous de ma tâche, si les pages que j'ose publier ont réellement quelque valeur, c'est au grand orateur chrétien, dont pendant mon travail j'ai eu constamment le discours sous les yeux, que doit en revenir tout le mérite.

Je ne dois pas oublier non plus les deux écrivains consciencieux qui m'ont fourni une partie des renseignements dont je me suis servi, et je me fais un devoir d'indiquer ici à quelles sources il m'a été donné de puiser :

1° Dans le livre intitulé *Le Général Drouot*, par M. Henri Lepage, publié à Nancy en 1847, chez l'éditeur Henri Lepage.

2° Dans la *Biographie du général Drouot*, par M. Jules Nollet, publiée également à Nancy en 1848, à la librairie Grimblot et Vᵛᵉ Raybois.

GÉNÉRAL DROUOT.

CHAPITRE PREMIER.

« La France venait d'être visitée par les plus
» grands revers de son histoire. Tandis que les
» flots emportaient loin d'elle l'homme qui lui
» avait ouvert dix fois les capitales du monde,
» ses propres chemins lui ramenaient de tous
» côtés les débris vaincus de ses légions.

» On vit alors un jeune général, qui avait
» en vain défendu la patrie jusqu'au dernier quart
» d'heure, abdiquer le service militaire et ren-
» trer volontairement sous le toit de sa famille,
» où ne le conviaient ni les jouissances de la
» fortune ni les grandeurs du sang.

» Ce soldat citoyen, c'était Antoine Drouot,
» général d'artillerie, gouverneur de l'île d'Elbe,
» commandant de la garde impériale, grand-
» croix de la Légion d'honneur, comte de l'em-
» pire et pair de France.

» Mais, si belle que fût cette part d'un soldat,
» elle ne l'avait pas conduit au premier degré de
» l'illustration ; il n'avait pas, comme tant d'au-
» tres, présidé au sort des batailles, dirigé des
» siéges, conquis et gouverné des royaumes ; il
» avait toujours eu devant lui une gloire plus
» haute que la sienne, et il ne fut vraiment
» grand que le jour où la mort le ressuscita, tel
» que les premiers jours du siècle l'avaient vu
» aux champs de Wagram, de la Moskowa, de
» Lutzen et de Bautzen, de Dresde et de Ha-
» nau (1). »

Elle montra ce fidèle serviteur de Napoléon tel
qu'il avait toujours été, brave entre tous les
braves, comptant jusqu'à la fin sur la fortune
de son empereur et faisant tirer à Waterloo le
dernier coup de canon de la France.

L'homme dont le nom, d'abord obscur, fut

---

(1) *Eloge funèbre du général Drouot*, par le R. P. Lacordaire
(librairie Poussielgue, à Paris).

mêlé plus tard aux plus graves événements de l'histoire moderne, naquit à Nancy le 11 janvier 1774. Son père était boulanger et sa boutique était située rue Saint-Thiébaut : malgré son peu de fortune, le brave homme, qui avait douze enfants, parvint à force de travail et d'économie à les élever tous honorablement.

Antoine Drouot était le troisième, et dès l'enfance il se fit remarquer par un ardent amour pour le travail.

Présenté encore bien jeune aux écoles chrétiennes, on lui en refusa provisoirement l'entrée ; mais il sut se passer de professeurs, et étudia seul et avec fruit les livres qu'on avait jugés au-dessus de son âge.

Entré plus tard au collége de Nancy, il y fit toutes ses classes.

Travailleur infatigable, Antoine étudiait nuit et jour et montrait surtout les plus grandes dispositions pour les mathématiques.

Voici du reste comment s'exprimait à son sujet un de ses anciens professeurs dans une lettre adressée à M. Jules Nollet de Nancy, qui se disposait à écrire la biographie de son compatriote :

Varengeville, 20 décembre 48...

« Monsieur,

» Conformément à vos désirs, je m'empresse
» de vous informer que l'illustre général Drouot
» a suivi mon cours de mathématiques au collége
» de Nancy pendant les années 1791 et 1792 et
» qu'il n'a cessé de servir de modèle sous tous
» les rapports à plus de soixante de ses condis-
» ciples. Etant enchanté de son grand désir de
» s'instruire, je lui ai donné tous les jeudis et
» dimanches, ainsi que pendant les vacances,
» des leçons particulières, en sorte qu'après
» l'espace de deux ans il avait acquis les con-
» naissances de toutes les parties des sciences
» mathématiques qui n'étaient enseignées que
» dans les écoles militaires supérieures ; et après
» avoir suivi un examen très rigoureux, M. La
» Place l'a fait nommer lieutenant de seconde
» classe dans le corps de l'artillerie. »

Maintenant voici comment le R. P. Lacordaire
raconta le brillant succès obtenu par le jeune
Antoine :

« C'était pendant l'été de 1793 ; une nombreuse
» et florissante jeunesse se pressait à Châlons-sur-
» Marne dans une des salles de l'école d'artillerie.

» Le célèbre La Place y faisait au nom du gou-
» vernement l'examen de cent quatre-vingt can-
» didats au grade d'élève sous-lieutenant ; la porte
» s'ouvre, on voit entrer une sorte de paysan,
» petit de taille, l'air ingénu, de gros souliers
» aux pieds et un bâton à la main. Un rire uni-
» versel accueille le nouveau venu ; l'examina-
» teur lui fait remarquer ce qu'il croit être une
» méprise, et sur sa réponse qu'il vient pour
» subir l'examen, il lui permet de s'asseoir.

» On attendait avec impatience le tour du petit
» paysan. Dès les premières questions, La Place
» reconnaît une fermeté d'esprit qui le surprend ;
» il pousse l'examen au-delà de ses limites natu-
» relles et les réponses sont toujours claires et
» précises, marquées au coin d'une intelligence
» qui sait et qui sent. La Place est touché, il
» embrasse le jeune homme et lui annonce qu'il
» est le premier de la promotion. »

Vingt ans après, La Place disait à l'empereur :

« Un des plus beaux examens que j'aie vu pas-
» ser de ma vie est celui de votre aide-de-camp
» le général Drouot. »

CHAPITRE II.

Au commencement de juillet 1793 un décret de la Convention appela sous les armes les dix premiers élèves de la promotion où le jeune Antoine avait été compris, et il fut envoyé à l'armée du Nord en qualité de second lieutenant au premier régiment d'artillerie à pied.

L'armée dont Drouot allait faire partie avait mission de dégager la ville de Dunkerque bloquée par les troupes anglo-hollandaises.

L'ennemi chassé de toutes ses positions s'était retranché dans une forte redoute construite en avant de la petite ville d'Hondtschoote · c'était son dernier point d'appui et il fallait à toute force l'en arracher.

Défendu par une formidable artillerie, ce poste paraissait imprenable et deux fois déjà, malgré la valeur de l'armée française, les attaques avaient été sans résultats.

Drouot, ayant vu son capitaine et le premier lieutenant tomber à ses côtés, prit le commandement de la compagnie.

Il dressa lui-même une batterie au moyen de laquelle il foudroya l'ennemi, s'empara de la redoute si longtemps disputée et assura le gain de la bataille.

Le général Moreau, qui commandait en chef, tint à complimenter lui-même le jeune officier sur sa belle conduite.

C'est pendant cette affaire que Drouot répondit à un représentant du peuple, témoin de son intrépidité, et qui l'engageait à se ménager ainsi que ses hommes :

— Les soldats victorieux n'ont pas besoin de repos.

Le service qu'il rendit à l'armée à la bataille d'Hondtschoote, il le rendit mainte fois dans sa carrière militaire. Doué d'un coup d'œil sûr, d'une audace égale à sa présence d'esprit, il savait obtenir du canon, à un moment donné, un effet immanquable et décisif; Napoléon, qui eut souvent recours à lui quand il s'agissait de décider

une victoire douteuse, l'appelait en riant le *Deus
ex machina.*

~~~~~~

CHAPITRE III.

L'année suivante, le 17 janvier 1794, il fut
nommé lieutenant en premier dans le même régiment, et le 26 juin il assista à la bataille de
Fleurus, où l'armée de Sambre-et-Meuse sous les
ordres de Jourdan défit les Impériaux commandés par le prince de Cobourg.

Jusqu'à la fin de 1795, Drouot fut toujours sur
les champs de bataille.

Nommé capitaine le 25 février 1796, il fut envoyé à Bayonne en qualité de directeur de l'artillerie, et il y resta jusqu'à la fin de 1798 occupé à visiter tous les canons de siége avant de
les faire entrer en magasin.

« Ce fut pendant une de ces visites qu'il lui
» arriva un accident que je dois consigner ici,
~~~~~~

» car il exerça une funeste influence sur ses der-
» niers jours.

» Le sous-officier qui le secondait dans cette
» opération devait s'assurer préalablement que
» les pièces n'étaient pas restées chargées ; le
» tire-bourré ramena du fond de l'une d'elle (ca-
» non de 18 en fer) un boulet et sa gargousse,
» Drouot procéda alors à sa visite en introduisant
» jusqu'au fond de l'âme une bougie qui enflamma
» une seconde charge de poudre qui s'y trouvait
» encore. Drouot la reçut en partie, eut la figure
» toute brûlée et ses yeux en furent principale-
» ment affectés.

» Heureusement la femme du garde d'artillerie
» qui se trouvait près de lui allaitant son enfant,
» eut la bonne idée de faire couler son lait sur
» les yeux du capitaine, et elle continua ce trai-
» tement pendant plusieurs jours.

» Drouot resta plus de six semaines sans pou-
» voir ouvrir les yeux, et sa vue, par suite de
» cet accident, fut pendant longtemps très affai-
» blie. Ce fut bien certainement une des causes
» déterminantes de la cécité complète dont il fut
» atteint en 1833 (1). »

---

(1) *Biographie du général Drouot*, par Jules Nollet de Nancy.

Drouot ne quitta Bayonne qu'en décembre 1798 pour aller rejoindre l'armée de Naples, et nous le retrouvons à la retraite de Trebbia protégeant par ses habiles manœuvres une partie de l'armée ; quelques batteries, placées à propos sur les bords de la rivière ayant ouvert leur feu, retardèrent pendant une journée entière la poursuite de l'ennemi et sauvèrent l'arrière-garde du général Macdonald.

Le maréchal duc de Tarente se souvint plus tard du brave lieutenant d'artillerie, et dans une circonstance dont il sera ultérieurement parlé, il rendit de lui un éclatant témoignage.

Nommé officier d'état-major au commencement de l'année 1799, il se rendit à Metz, et vers le milieu du mois de mai 1800, il fut envoyé à l'armée du Rhin et placé sous les ordres immédiats du général Eblé, commandant en chef de l'artillerie.

Le 5 décembre de la même année, il assistait à la fameuse bataille de Hohenlinden, où il se fit de nouveau remarquer par Moreau son ancien général.

Ce dernier, faisant un jour allusion au fait d'armes d'Hondtschoote, dit un jour à ses officiers réunis à sa table :

— Une des plus belles compagnies que j'aie

jamais vues, est la quatrième du premier régiment ; elle était alors commandée par un enfant,
et cet enfant c'est le capitaine Drouot votre camarade ici présent.

En effet, Drouot imposa toujours aux hommes
sous ses ordres la plus sévère discipline ; sûr de
ses soldats, il exigeait d'eux une tenue irréprochable, et sa compagnie fut toujours citée comme
la plus belle du régiment.

Après la bataille d'Hohenlinden et pendant l'ar-
mistice de Steyer, en décembre 1800, il fut envoyé
par le général Eblé pour visiter les établissements
de Styrie, dans lesquels les Autrichiens faisaient
fabriquer leurs canons pour l'armement des
places.

Dans la *Biographie du général Drouot* par
M. Nollet de Nancy, il est raconté que le jeune
officier, parti à cheval pour accomplir sa tournée
scientifique, fit une si abondante récolte de tout
ce qui pouvait intéresser son arme qu'il fut obligé
de revenir à pied, son cheval et deux autres
chevaux qu'il avait emmenés avec lui étant déjà
trop chargés des précieux échantillons recueillis
dans cette mission.

Mais il ne se contenta pas d'avoir rassemblé
tant de richesses, il fit un rapport détaillé sur les

travaux métallurgiques que l'on exécutait dans les différentes usines qu'il avait visitées.

Ce travail fut présenté par le général Eblé aux célèbres Monge, Berthollet et Hassenfratz qui le trouvèrent parfaitement rédigé.

Envoyé au général en chef Moreau, ce mémoire, considéré par lui comme une pièce importante à conserver, fut adressé par ses ordres au ministère de la guerre où il figure parmi les archives depuis le commencement de ce siècle.

CHAPITRE IV.

L'année suivante, le général Eblé rentré à Paris fit venir Drouot près de lui avec une commission d'aide-de-camp. Le service auquel l'astreignait ses nouvelles fonctions lui laissant des loisirs, il sut en profiter pour suivre les cours publics et notamment ceux du célèbre Vauquelin.

Après un assez court séjour dans la capitale, Drouot et son camarade Evain accompagnèrent le général Eblé dans sa tournée d'inspection ; puis, en 1803, il alla reprendre le commandement de sa compagnie alors en garnison à La Fère.

Pendant son séjour dans cette ville, dit encore M. Jules Nollet, Drouot exerça les fonctions de capitaine d'habillement.

« Dans ces nouvelles fonctions, Drouot eut à
» recevoir la visite de ses fournisseurs. Un jour,
» un de ces derniers se présenta chez lui et après
» avoir causé quelques instants il lui dit :

» — Capitaine, je vous prie de vouloir bien
» accepter ce petit souvenir ; et il lui présentait
» un billet de six cents francs. Comme le capi-
» taine semblait ne pas comprendre, le fournis-
» seur ajouta :

» — C'est l'habitude, toujours vos prédéces-
» seurs ont accepté.

» — Comment, répliqua Drouot, vous pou-
» vez faire ainsi des cadeaux sans que cela nuise
» à vos affaires ?

» — Mais, capitaine.....

» — Eh bien, gardez ces six cents francs et
» mettez sur la facture de mon régiment que vous

» avez reçu cette somme à compte sur vos four-
» nitures. »

Le 5 août 1804, Drouot fut nommé membre de
la Légion d'honneur.

Dans le courant de cette même année, il eut
à supporter une cruelle épreuve. Son père étant
tombé subitement malade, il demanda un congé
pour aller soigner l'auteur de ses jours ; c'était
un devoir filial qu'il voulait accomplir lui-même ;
mais hélas ! malgré les soins dont il entoura le
vieillard, il eut la douleur de le perdre, et sa
seule consolation fut l'espérance qu'il retrouve-
rait un jour au ciel celui qu'il avait si tendrement
aimé sur la terre.

Cette espérance ne devait pas être déçue, car
une âme si pure et si belle que la sienne avait sa
place marquée d'avance dans le séjour des élus.

De retour à La Fère, apprenant qu'une nouvelle
guerre se préparait, Drouot demanda avec instance
à faire partie du corps d'expédition ; et comme ses
démarches n'obtenaient aucun résultat, il écrivit
à un de ses amis la lettre suivante dans laquelle il
lui faisait part du chagrin qu'il éprouvait d'être
condamné à l'inaction.

23 Nivôse an XII.

« Mon cher ami,

» Nous sommes ici comme morts ou à peu près :
» dix compagnies du régiment fortes de trente
» hommes chacune, sous-officiers compris, com-
» posent le bataillon de paix ; ce bataillon a reçu
» ces jours derniers l'ordre de se rendre à Brest,
» mais il a reçu contre-ordre quelques heures
» après. Jusqu'ici j'avais conservé l'espérance de
» servir activement ; ma compagnie est la deuxième
» à marcher, et quoique très faible elle était en-
» core très présentable, elle avait encore ses
» sous-officiers, caporaux, artificiers, premiers
» canonniers ; mais une décision du ministre vient
» de m'ôter tout espoir ; on va prendre les pre-
» miers et seconds canonniers pour compléter les
» compagnies qui font partie de l'expédition, et
» je vais rester ici avec les sous-officiers, capo-
» raux et artificiers. On ne peut se figurer quelle
» peine me fait ce délabrement. »

Enfin le 13 novembre suivant, ses désirs furent
accomplis. Il fut envoyé à Toulon pour faire
partie des troupes de débarquement sous les ordres des généraux Lauriston et Reille.

— Au moins, disait-il à ses camarades, je

vais donc avoir l'occasion de servir avec utilité et de rentrer à mon régiment avec quelque gloire.

Le 9 décembre 1804, l'état-major s'embarqua et le 2 janvier suivant on appareilla pour l'expédition d'Amérique.

La flotte prit des vivres pour six mois et on distribua aux troupes trois mois de solde d'avance.

Drouot eut la chance de monter sur la frégate l'*Hortense* qui, le 3 février 1805, à la hauteur d'Alger, s'empara d'un navire anglais escorté par la corvette l'*Arrow* et la bombarde l'*Achéron*.

Drouot n'était pas né pour servir dans la marine, l'aspect seul de la mer lui donnait des nausées, et il y était constamment malade ; mais, par un effort de volonté, dès qu'il se trouvait en face de l'ennemi, il oubliait son mal, se remettait au commandement et ordonnait le feu.

Rentré à Toulon le 4 mars après quatre-vingt-deux jours de mer, il toucha terre et exprima en ces termes le bonheur qu'il éprouvait de revoir la France :

« La campagne que j'ai toujours aimée me paraît infiniment plus belle qu'autrefois, je ne peux pas me lasser de voir les arbres en fleurs et les prairies couvertes de verdure. »

Mais hélas ! il devait encore une fois affronter l'élément qui lui était si contraire.

Débarqué le 4 mars, il dut remonter le 25 sur la même frégate l'*Hortense.*

Après quelques combats glorieux, Drouot, de plus en plus souffrant, arriva à la Martinique où il resta du 15 mai au 6 juin.

En quittant la Martinique, il était monté sur le *Bucentaure* qui fit voile pour Cadix, où les troupes de terre furent débarquées afin de se rafraîchir pendant quelque temps.

Mais on parlait déjà d'une nouvelle campagne, ce qui lui faisait dire à cette occasion :

« J'avais bien des raisons pour désirer mon débarquement définitif, car j'ai une constitution qui ne peut pas se faire à la mer. Pour peu que cette malheureuse mer soit agitée, je suis sur le plancher vomissant avec des efforts incroyables. La fortune avait paru me sourire un moment : le général Lauriston avait l'intention de me donner l'ordre de retourner en France, mais des raisons particulières l'ont fait changer d'avis et je viens de recevoir l'ordre de m'embarquer demain sur le vaisseau le *Berwick* : nous avons trente-quatre navires prêts à sortir et nous avons en présence trente-deux voiles anglaises. Je souhaite ardemment que nous nous mesurions avec cette flotte. Je crois qu'il serait très avantageux pour nous de combattre à la vue d'un port, les vaisseaux trop maltraités viendraient s'y mettre à l'abri ; et si la fortune se déclarait contre nous, il serait bien facile de nous retirer dans le port. Il paraît, d'après un ordre du jour (1er octobre 1805), que nous allons attaquer nos ennemis ; je me consolerai de l'ordre que je viens de recevoir de m'embarquer, si nous avons pour objet une entreprise aussi sérieuse. »

Un historien dont j'ai le livre sous les yeux affirme que Drouot assista au combat naval de Trafalgar, c'est une erreur que je dois relever : rappelé à Paris au commencement de cette expédition à laquelle il se disposait à prendre part, il revint en France où l'attendait son brevet de chef de bataillon au troisième régiment d'artillerie à pied. Mais il n'eut pas le temps d'aller rejoindre son régiment à Strasbourg, car, sur la proposition du général Gassendi, le ministre de la guerre venait de le nommer directeur de la manufacture d'armes à Maubeuge.

Arrivé à son nouveau poste, il fut classé le 16 novembre comme chef de bataillon au quatrième régiment d'artillerie à pied.

C'est dans ce même quatrième régiment que Bonaparte avait été lieutenant en 1785.

CHAPITRE V.

L'année que Drouot passa presque malgré lui à Maubeuge fut, ainsi qu'il l'a répété maintes fois à ses amis, la plus triste de sa vie.

Chargé d'examiner la qualité du fer forgé à Charleville, il fit au sujet de ces produits, suivant lui défectueux, des rapports qui ne furent jamais pris en considération, et néanmoins il reçut, à propos des mauvaises fournitures faites à l'armée, des reproches souverainement injustes qui lui causèrent beaucoup de chagrin.

« Je ne cache pas, écrivait-il à un de ses camarades, que si l'on devait continuer à employer des fers de médiocre qualité, ou si d'autres causes s'opposaient à la bonne qualité des armes, j'abandonnerais le métier. Puisque je n'ai pas pu obtenir

la faveur d'aller à l'armée, j'aimerais mieux donner ma démission et aller servir avec honneur,
comme soldat, que d'être exposé à recevoir ici
des reproches. »

Peut-être à ce moment Drouot regrettait-il de
n'avoir pas suivi dans sa jeunesse la vocation qui
le poussait à revêtir l'habit de Chartreux ; mais
en 1792 « la France se leva, et avec la destinée
» des rois et des nations, la destinée de Drouot
» fut elle-même changée : j'ai tort de dire qu'elle
» fut changée, car elle ne le fut qu'extérieure-
» ment ; tel qu'il eût été dans les cloîtres de
» Saint-Bruno, calme, simple, vivant du de-
» voir, méprisant la mort et la pauvreté, tel il
» le fut dans les camps, sous le feu de l'ennemi.
» De toutes les analogies morales, nulle n'est
» plus frappante que l'analogie du religieux et du
» soldat : c'est la même discipline, c'est le même
» dévouement ; mais chez Drouot, à cause de l'ex-
» trême pureté de son âme, la ressemblance était
» plus vive et plus remarquable encore.

» Quoiqu'il en soit, la France avait besoin de
» soldats pour défendre son indépendance contre
» les conjurations de l'étranger, et la Providence
» au commencement de cette lutte gigantesque lui
» donna Drouot pour en soutenir l'effort.

» Il parut au premier coup de canon, et il tira
» le dernier (1). »

Le 5 septembre, envoyé à Charleville avec le
titre d'inspecteur de la manufacture d'armes, il
témoignait la contrariété qu'il éprouvait d'avoir
reçu cette nouvelle destination si contraire à ses
goûts.

« Depuis longtemps j'espérais sortir des manufactures, et au moment où je croyais mes vœux
prêts à être exaucés, je suis envoyé dans un autre
établissement.

» Vingt-deux mois d'un travail opiniâtre et
d'une surveillance constante m'avaient fait connaître parfaitement la manufacture de Maubeuge ;
la fabrication des armes était arrivée, non pas à la
perfection, mais à un état satisfaisant ; l'harmonie,
l'union régnaient entre les chefs et les subordonnés,
et chaque jour j'avais la satisfaction de voir que
tous secondaient mes efforts pour arriver au
mieux.

» Si mon changement m'a fait quelque peine,
je dois avouer que mon amour-propre a été bien
flatté des regrets de toute la manufacture. »

---

(1) *Oraison funèbre du général Drouot*, par le R. P. Lacordaire.

Il comptait, l'honnête soldat, sans la basse jalousie des ennemis de tout vrai mérite.

A la suite de son départ, un grand nombre de fusils reçus par Drouot furent faussement déclarés de mauvaise fabrication et brisés comme inserviables.

Le ministre, instruit de ce fait odieux, ordonna que toutes les armes détruites illégalement fussent remplacées aux frais de celui qui s'était permis de prendre une pareille mesure, et Drouot écrivait à ce sujet :

« J'avais conçu le plus sincère attachement pour la manufacture de Maubeuge, j'avais eu à me louer des officiers, des contrôleurs, des ouvriers ; l'entrepreneur allait au-devant de mes désirs et lorsque mes demandes contrariaient ses intérêts, il se résignait de bonne grâce ; je devais donc m'attacher à un établissement où j'avais reçu de tous des preuves d'affection.

» Je n'ai pu apprendre sans chagrin que ce même établissement était aujourd'hui plongé dans la désolation, que les ouvriers manquaient d'ouvrage, mouraient de faim.

» Ceux qui les ont amenés en cet état avaient sans doute de bonnes raisons pour le faire, je ne les accuse pas, mais n'ai-je pas le droit de me plaindre qu'ils aient oublié à mon égard toutes les convenances, qu'ils aient porté des plaintes contre ma gestion, qu'ils m'aient accusé d'avoir négligé la fabrication, et qu'ils aient poussé l'oubli de toute bienséance jusqu'à faire briser des armes qui ne pouvaient l'être que par l'ordre du ministre et après l'examen le plus réfléchi d'une commission déléguée par Son Excellence.

» Il faut certes avoir une grande envie de se venger d'un officier qui n'a jamais eu d'autre tort envers eux que d'avoir été détaché d'une manufacture où il était fort tranquille pour aller faire partie d'une commission désignée pour les mettre d'accord.

» J'ai écrit à monsieur le général Gassendi, je lui ai exposé ma conduite à Maubeuge sans chercher à prolonger ma justification.

» Je crois avoir prouvé que je ne méritais pas tous les reproches qu'on me faisait, mais je crois aussi avoir laissé apercevoir tous les chagrins que j'éprouvais de me voir accuser de négligence lorsque j'ai pendant plus de quinze mois donné quinze heures par jour à mon service et lui ai consacré toutes mes pensées, toutes mes facultés.

» Comment J***, qui disait dans les premiers

jours de janvier, *je n'ai eu à faire aucun chan-gement à Maubeuge, parce que j'ai trouvé tout sur le meilleur pied*, comment a-t-il pu trouver tout mauvais en mars ? »

Drouot convenait du reste qu'il était assez dif-ficile de rencontrer des hommes capables de bien diriger ces manufactures d'armes.

« Il ne suffit pas, disait-il, d'être actif, de montrer de la fermeté, d'entrer dans tous les détails et de leur sacrifier tout son temps, il faut que la fermeté que l'on déploie soit sans aigreur, il ne faut pas tuer le malheureux ouvrier pour les défauts de proportion qui n'influent ni sur la perfection de l'arme ni sur son uniformité, il faut concilier avec douceur trois intérêts qui sont souvent opposés : celui du gouvernement, celui de l'ouvrier, celui de l'entrepreneur.

» De la douceur, de la patience et de la cons-tance, nos armes seront toujours les meilleures possible. »

CHAPITRE VI.

Dans le courant de janvier 1808, à la suite de nombreuses démarches pour se faire admettre dans l'armée de guerre, Drouot finit par obtenir d'être envoyé en Espagne.

Le 11 mars 1808 il arrivait devant Madrid juste à temps pour assister à l'attaque et à la prise de cette ville où le roi Joseph élevé par son frère au trône d'Espagne fit son entrée triomphante.

Nommé directeur général des parcs d'artillerie, il faisait alors partie de l'état-major du général Lariboisière.

Après quatre mois de séjour dans la capitale de l'Espagne, au milieu d'une population hostile et toujours menaçante, la nouvelle du désastre que venait d'éprouver à Baylen le général Dupont vint avertir que la position des Français à Madrid n'était pas tenable et qu'il était urgent de battre en retraite vers les provinces du nord. On comprend qu'il était indispensable d'enlever une partie du matériel réuni dans l'enceinte fortifiée du Retiro, dont on avait fait un arsenal.

Le major Drouot, secondé par les officiers de l'état-major, se mit immédiatement à l'œuvre ; mais les moyens de transport manquaient presque complétement, et pour ne rien laisser à l'ennemi, on fut obligé de détruire tout ce qu'on ne put emporter.

Drouot se multipliait, on le voyait partout où il y avait de l'artillerie à diriger, à détruire ou à conserver.

L'armée, après s'être reposée quelques jours à Burgos, parvint le 15 août à Miranda où s'arrêta l'état-major de l'artillerie, pendant que le quartier-général s'installait à Vittoria.

Drouot employa le temps qu'il passa à Miranda à réorganiser le matériel de l'artillerie ; admis avec son grade dans la garde impériale, il fut chargé de la direction des parcs de ce corps d'élite.

Il remplit ensuite, par ordre de l'empereur, plusieurs missions importantes.

Il visita les places de Bayonne, Pampelune, Saint-Sébastien, se rendit compte de ce que pouvaient produire les forges d'Orbigatte, les manufactures de Placentia et la fabrique de baïonnettes de Tolosa, et toutes ces inspections le conduisirent jusqu'au 2 septembre, époque où il rentra au quartier-général pour faire un rapport d'ensemble.

L'arrivée de l'empereur avec plusieurs nouveaux corps d'armée prolongea la guerre d'Espagne. Les troupes françaises revinrent sur leurs pas, la ville de Madrid fut attaquée une seconde fois et Drouot, après un combat opiniâtre, reprit possession du Retiro que les Espagnols, à leur tour, avaient converti en arsenal.

Il n'y resta pas longtemps, car l'empereur, qui se disposait à déclarer la guerre à l'Autriche, laissa au maréchal Soult le soin de continuer les opérations et revint en France emmenant avec lui tous les corps de la garde.

CHAPITRE VII.

L'année suivante, notre infatigable soldat contribua au succès de la mémorable bataille de Wagram.

Dans un moment d'hésitation de l'armée, il forma à propos et porta en avant une batterie formidable qui mit le désordre dans les régiments d'élite autrichiens.

Voici ce qu'un journal anglais disait de lui à cette occasion :

« Combien de fois Drouot et ses canonniers ont décidé le sort d'une journée ; ses cinquante ou soixante pièces qui, d'après des témoins oculaires, semblaient vomir le feu pendant qu'on les voyait lancées en plein galop, balayaient les derniers restes de l'opiniâtreté russe ou de la bravoure autrichienne et décidaient du succès du jour. »

Quand il avait reçu l'ordre d'agir avec l'artillerie de la garde, c'était toujours, on pouvait être sûr, le moment critique, le moment décisif de la journée; alors on le voyait endosser une vieille capote et se promener tranquillement et à pied au milieu de ses canons, point de mire des artilleurs ennemis. Cependant, malgré tant d'audace ou pour mieux dire tant d'imprudences, il ne fut jamais blessé.

C'est à la suite de la bataille de Wagram qu'il fut nommé par l'empereur officier de la Légion d'honneur, et ce fut encore de la main de Napoléon que, plus tard, sur le champ de bataille de la Moskowa, il reçut la croix de commandeur.

Dans le courant de l'année 1813, il se trouva le 1ᵉʳ mai au combat de Poserna; le 2 à la bataille de Lutzen, après laquelle il fut nommé général de division; le 12 au combat de Bischofswerda; le 21 à celui de Würtschen, et le lendemain à la bataille de Bautzen, où l'armée russoprussienne commandée par l'empereur Alexandre était forte de 160,000 hommes.

Le 10 octobre, il prenait part au combat de Wachau, où il sut compenser par d'habiles manœuvres l'infériorité du nombre, et enfin le 50 décembre à la sanglante affaire de Hanau.

La déroute de Leipsick avait réduit l'armée française à 80,000 hommes et elle s'avançait sur le défilé de Hanau espérant s'ouvrir la route de Mayence, mais de formidables batteries en interceptaient le passage qu'il s'agissait de franchir; un corps de 60,000 Bavarois s'était avancé à marche forcée et avait pris position à l'issue du défilé. On ne pouvait plus reculer, il fallait passer ou périr.

Les renseignements qu'a laissés Drouot sur ce combat de Hanau doivent tout naturellement trouver place ici :

« Notre avant-garde avait déjà été repoussée plusieurs fois, quand Sa Majesté m'appela et me dit : — Drouot, allez voir ce qu'il y a à faire. Je me portai immédiatement sur les lieux, et, au milieu d'un feu incessant, je découvris un chemin vicinal qui aboutissait à la grande route et pouvait faire arriver l'artillerie ; je retournai vers l'empereur. — *Sire, l'ennemi nous mitraille avec une forte batterie, donnez-moi cinquante pièces de canon et j'espère que nous passerons. — Allons voir*, dit l'empereur. Arrivés sur les lieux, les boulets et la mitraille brisaient autour de nous les arbres de la forêt et menaçaient gravement le groupe de reconnaissance. — *Sire*, dis-je alors à l'empereur , *ce n'est pas ici votre place , retirez-vous, je vous en supplie, accordez-moi seulement ce que je vous ai demandé.* Les ordres sont donnés, je mets en position deux pièces presqu'aussitôt démontées par l'ennemi ; j'en fais avancer dix autres : grâce à leur feu actif et bien dirigé , elles parviennent à ralentir celui des Bavarois et j'en profite pour installer mes cinquante pièces ; bientôt les boulets et la mitraille pleuvent sur la batterie ennemie, la mettent en désordre et éteignent son feu.

» Je croyais en avoir fini avec les Bavarois, quand une charge de cavalerie est ordonnée pour arrêter, s'il se peut, le feu de notre artillerie. Je commande à mes canonniers de laisser venir, et lorsque l'ennemi est à portée du mousquet ; une horrible mitraille de cinquante pièces tirées à la fois détruit en grande partie le corps de cavalerie qui se précipitait sur nous. Alors l'armée française s'ébranle, elle s'élance la baïonnette en avant, renverse les derniers obstacles, et franchit le défilé que l'artillerie vient de lui ouvrir, en passant sur le ventre des Bavarois. »

Le 14 mars 1810 , Napoléon nomma le général Drouot baron de l'empire.

Cette honorable distinction le flatta sans doute,

mais elle ne lui inspira aucun sentiment d'orgueil ; un autre à sa place se fût estimé le plus heureux des hommes, mais Drouot entendait le bonheur à sa manière. Son opinion, bien arrêtée, était à cette époque ce qu'elle fut plus tard quand, arrivé au faîte des honneurs, la fortune vint lui sourire.

« C'est qu'il ne faut à l'homme pour être heureux ni richesses ni dignités, que le strict nécessaire suffit à la joie du corps, la culture désintéressée des lettres à la joie de l'esprit, l'accomplissement du devoir à la joie de la conscience, l'amour de Dieu et des hommes à la joie surabondante de l'âme tout entière ; il croyait à cela, il y croyait de toutes les forces de son être ; il faisait plus qu'y croire, il en avait la démonstration, le sentiment, le goût, la réalité vivante au-dedans de lui ; chaque mouvement de son cœur prenait sa source dans cette invincible et stoïque certitude, ou plutôt elle ne lui coûtait aucun effort, elle était devenue sa nature même et lui avait donné cette modestie surhumaine de désirs qu'on lisait dans toutes ses actions (1). »

____

(1) *Oraison funèbre du général Drouot*, par le R. P. Lacordaire.

CHAPITRE VIII.

Le 26 janvier 1813, l'empereur l'attacha à sa personne en qualité d'aide-de-camp, et le 24 octobre suivant il le créa comte de l'empire, puis successivement grand officier de la Légion d'honneur le 25 mars 1814, et pair de France le 2 juin 1815.

Quand, après être retiré du service, il esquissa sa biographie, ce fut en ces termes qu'il s'exprima au sujet des faveurs dont il avait été l'objet.

« Les marques d'estime, de confiance et d'affection que l'empereur m'a constamment données ont fait la gloire et le bonheur de ma vie; elles resteront éternellement gravées dans mon cœur, ainsi que le souvenir des bienfaits dont il m'a comblé. »

CHAPITRE IX.

« Tant que la France avait été victorieuse, c'est-à-dire pendant vingt ans, Drouot malgré ses services était demeuré dans un rang inférieur et comme à l'arrière-garde de la gloire. Il avait vu se former dans les batailles tous nos capitaines renommés, les Jourdan, les Hoche, les Marceau, génération primitive d'où avait fleuri le rameau plus fécond encore de l'empire, les Victor, les Macdonald, les Duroc, les Lannes, les Bessière et tant d'autres à qui le discours, pour obéir aux lois de la sobriété, fait bien plus défaut que la mémoire. Tous, vivants ou morts, étaient parvenus avant nos revers au comble de la réputation et des honneurs. Drouot seul était en retard de son immortalité.

» Comme une plante modeste et peu hâtive, il

s'était caché à l'ombre des grands noms, et Dieu, se servant de sa vertu même pour en suspendre l'éclat, l'avait réservé à nos jours de malheur.

» La France fut étonnée d'apprendre au bruit des campagnes de 1813 et 1814 qu'elle possédait depuis longtemps le premier officier d'artillerie de l'Europe (1). . . . .

, ...

L'empereur en jugea comme la France, il discerna dans son aide-de-camp un génie et une intrépidité militaire qui lui faisait dire à Sainte-Hélène :

« *Il n'existe pas dans le monde deux officiers pareils à Murat pour la cavalerie et à Drouot pour l'artillerie.* »

Durant la miraculeuse campagne de 1814, dont l'issue, malgré des prodiges de valeur, devait être fatale à nos armes, Drouot, par vingt actions d'éclat, mérita d'être placé au nombre de nos premiers généraux.

Mais il ne se contentait pas de se battre, il y avait en lui deux hommes : le soldat et l'homme d'étude.

---

(1) *Oraison funèbre du général Drouot*, par le R. P. Lacordaire.

« On raconte que pendant la campagne de Russie, au milieu d'une froide nuit, l'empereur Napoléon se leva et sortit. L'obscurité régnait partout, la neige amoncelée enveloppait comme un vaste linceul les champs, les arbres et les maisons abandonnées. Vainement le regard interrogeait-il l'horizon, rien ne se montrait, rien ne se laissait deviner : un morne silence attristait l'âme. Le pas monotone des sentinelles et cette insaisissable rumeur des bivouacs, rêve plutôt que réalité, venaient de minute en minute rappeler que dans cette neige et ce brouillard il y avait une armée. Tout dormait.

» Après une solitaire méditation, l'empereur, ne pouvant résister plus longtemps à la bise glaciale, se disposait à rentrer sous le chaume qui lui servait de palais ; il avait cependant lutté contre les éléments, mais lui, le vainqueur du monde, était vaincu. Sa capote grise, ramenée sur sa poitrine, et le large manteau de guerre qui l'enveloppaient étaient insuffisants, et l'homme le plus fort de la terre ne pouvait que se soumettre et attendre le jour.

» Les vieux grenadiers de la garde impériale en faction depuis bientôt une heure marchaient rapidement devant la porte dans un religieux silence. C'étaient des corps de bronze venus des Pyramides à la Bérésina et qui méprisaient la mort : cependant ils tremblaient de froid et pouvaient à peine secouer leurs fronts inondés de neige.

» De temps à autre, les vieux grenadiers, et comme par un mouvement instinctif, dirigeaient les yeux vers le même point. C'était une masse informe, dans un lointain peu éloigné, un hameau sans doute, masqué par un mouvement de terre, ou quelques murs en ruine ; à travers l'atmosphère, on croyait apercevoir une faible lueur briller immobile comme la flamme d'une lampe.

» Napoléon suivit des yeux les regards de ses grenadiers ; étonné d'abord, il fit quelques pas en avant : sa tête inclinée sur sa poitrine se releva, ses yeux brillèrent d'un éclat de bonheur et sa bouche murmura : « *Bonne et brave artillerie.* »

» Il avait tout deviné, au bivouac de l'artillerie quelqu'un veillait. La journée précédente avait été rude cependant, et le lendemain devait être plus rude encore.

» Napoléon rentra et donna précipitamment un ordre. Peu de temps après, l'officier revenait et disait à l'empereur : « *Sire*, *c'est le général Drouot qui travaille.* » Aux premières heures du jour, Drouot était à cheval et se battit jusqu'au soir (1). »

Pendant toute la campagne de 1814, Drouot accompagna l'empereur et remplit les fonctions d'aide-major de la garde.

CHAPITRE X.

Napoléon avait quitté Paris le 25 janvier, confiant la régence à Marie-Louise et la défense de la capitale à son frère Joseph.

Le 29 du même mois, l'armée s'illustrait devant le village de Brienne, célèbre par l'école militaire où le jeune Bonaparte avait commencé ses études.

---

(1) Joachim Ambert, *Moniteur de l'armée* du 10 avril 1847.

Le 30 janvier, tenues en échec devant la Rothière malgré les valeureux efforts du duc de Reggio pour occuper ce bourg, nos troupes refoulées par des forces supérieures commencèrent à battre en retraite.

Informé des progrès de l'armée commandée par Blücher, l'empereur ordonna au général Drouot de soutenir l'arrière-garde, et, grâce au secours de sa puissante artillerie qui parvint à contenir l'ennemi, les ducs de Raguse et de Bellune purent sans trop de pertes exécuter leur mouvement en arrière.

Les temps, hélas! sont bien changés; autrefois la France ne comptait que des victoires, aujourd'hui ce sont défaites sur défaites.

Napoléon a vu pâlir son étoile et plusieurs de ses généraux, Murat, Wrède, Bernadotte, s'empressent de l'abandonner, car ils prévoient sa ruine en voyant les puissances étrangères se liguer contre celui qui les faisait trembler naguère.

Drouot, lui, ne l'abandonnera pas, il ne payera pas d'ingratitude le grand capitaine qui l'a si souvent conduit à la victoire. Il se fera un devoir de rester près de lui avec quelques amis fidèles pour le consoler dans le malheur.

Drouot s'est rapproché de son empereur et il

se dévouera jusqu'au dernier jour, aussi son nom restera-t-il pur et sa réputation intacte.

Après la victoire de Champ-Aubert, Napoléon se faisait encore illusion sur ses ressources ; il rêvait de nouveaux succès et se croyait déjà sur la Vistule, et, comme ses lieutenants découragés ne semblaient pas partager sa confiance :

— N'est-ce pas, général, dit-il à Drouot, qu'il ne me faudrait pour réussir que cent hommes comme vous.

— Dites cent mille, sire, répondit modestement celui qu'il interpellait.

De Champ-Aubert, Napoléon se porta vers Montmirail ; le 14 février, il était à Vauchamps d'où Marmont venait de chasser les Prussiens ; le 16, il s'arrêta à Guignes, et le lendemain à la pointe du jour il arriva devant Nangis, que les troupes du général Schwartzenberg se disposaient à occuper.

La garde impériale commandée par Drouot avait fait trente lieues en un jour.

Attaqués avec vigueur, les alliés se trouvèrent pris entre le corps du général Gérard et celui du maréchal de Bellune, pressés de tous côtés ; les Russes s'étaient formés en carré et s'apprêtaient à tenir tête aux Français, quand le général Drouot s'avança avec trente-six pièces de la garde et ouvrit un feu terrible qui détermina la déroute complète de l'ennemi.

Dans presque toutes les actions de cette désastreuse campagne, ce fut à l'habileté du commandant de l'artillerie que l'armée française dut ou son salut ou sa victoire.

A la suite du combat de la Fère-Champenoise où, après l'héroïque résistance de 7,000 Français contre 40,000 ennemis, six de nos généraux furent faits prisonniers, les alliés firent imprimer un bulletin dans lequel ils rendaient compte de la déroute complète des Français.

Ce bulletin étant tombé entre les mains de Macdonald. Il le mit sous les yeux de l'empereur. Napoléon, qui l'avait examiné avec beaucoup d'attention, déclara que ce bulletin était faux puisque l'on était au 27 et qu'il était daté du 29 ; mais le général Drouot, présent à cette conversation et qui voyait toujours avec un admirable sang-froid, dit à l'empereur :

— *Hélas! sire, la nouvelle n'est que trop vraie, et il n'y a là qu'une faute d'impression, le 9 est un 6 renversé.*

Mais l'horizon se rembrunissait de plus en plus. Soult venait de perdre la bataille d'Orthez. Le 27 février, les ducs de Tarente et de Reggio ont évacué Troyes et Paris est menacé. Quelques jours plus tard, la trahison livrait à l'ennemi la capitale de la France.

CHAPITRE XI.

Après l'abdication de Fontainebleau, Drouot, toujours fidèle à son empereur, le suivit à l'île d'Elbe ; mais avant de quitter la France, il avait écrit deux lettres : l'une à son vieil ami le général Evain, l'autre au ministre de la guerre. Voici ce que contenait la première de ces lettres, celle adressée à son ancien compagnon d'armes :

Fontainebleau, le 11 avril 1814.

« MON CHER EVAIN,

» Je pars avec le regret de ne vous avoir point

fait mes adieux, destiné à ne plus vous revoir ;
il eût été bien doux pour moi de pouvoir vous
embrasser et vous renouveler les assurances d'une
éternelle amitié.

» J'accompagne Sa Majesté à l'île d'Elbe et je
ne quitte point dans l'adversité le souverain que
j'ai aimé et bien servi dans la prospérité ; je re-
nonce à ma patrie, à ma famille et à mes affec-
tions les plus chères ; le sacrifice eût été mille
fois plus grand si j'avais renoncé à la reconnaissance.

» Rappelez-moi à l'amitié de vos frères et de
mesdemoiselles vos sœurs. Dites à mademoiselle
Agathe que je lui écrirai aussitôt que nous serons
arrivés dans notre île.

» Mille amitiés au respectable général Gassendi,
je désire vivement conserver son estime et son
amitié.

» Adieu, mon cher Evain, je vous embrasse
de tout mon cœur et suis pour la vie

» Votre meilleur ami,

» Drouot. »

La lettre au ministre de la guerre était beaucoup plus courte :

Le général de division comte Drouot, aide-de-camp de l'empereur, à Son Excellence le comte Dupont, ministre de la guerre.

« MONSEIGNEUR,

» La reconnaissance et mon attachement pour l'empereur m'ont déterminé à suivre Sa Majesté dans l'île d'Elbe. Eloigné de ma patrie, je ne cesserai de faire des vœux pour son bonheur et pour sa gloire ; dans toutes les circonstances, elle me trouvera prêt à me ranger parmi ses défenseurs et à verser tout mon sang pour elle.

» Je prie Votre Excellence d'être bien persuadée de mes sentiments et d'agréer mon adhésion au nouveau gouvernement.

» J'ai l'honneur d'être, etc.

» *Signé :* Comte DROUOT. »

Le 11 avril, Napoléon signa à Fontainebleau son acte d'abdication, et le 18 le traité entre lui et les princes alliés.

Par l'article 17 de ce traité, l'empereur se réservait le droit d'emmener avec lui quatre cents hommes de sa garde.

Quant à son état-major, il faut le dire à la honte des ingrats, il ne se composait plus que de deux hommes restés fidèles au malheur : Bertrand et Drouot.

« Dans les tristes jours qui précédèrent le départ, Napoléon demanda au général quelle était sa fortune, et sur sa réponse qu'elle s'élevait à deux mille cinq cents francs de rente environ, il lui dit : « *C'est trop peu, on ne sait pas ce qui peut arriver ; je ne veux pas qu'après moi vous vous trouviez dans le besoin, je vais vous donner deux cent mille francs.* » Drouot refusa, et voyant l'empereur peiné, il lui dit : « *Si Votre Majesté me donnait de l'argent à l'heure qu'il est, on dirait que l'empereur Napoléon, dans l'adversité, n'a trouvé des amis qu'à prix d'or, et on dirait de moi que j'ai suivi Votre Majesté parce que j'étais payé pour cela* (1). »

Le 3 mai, Drouot, qui avait été nommé gouverneur de l'île d'Elbe, débarqua avec l'empereur et sa suite à Porto-Ferrajo, et le 5 mai il écrivait à son ancien frère d'armes :

---

(1) *Éloge funèbre du général Drouot*, par le R. P. Lacordaire.

« Mon cher Evain,

» Après une navigation de cinq jours, pendant laquelle j'ai horriblement souffert, je suis arrivé ici le 5 ; j'ai reçu l'ordre de prendre provisoirement le gouvernement de l'île, je ne l'ai accepté qu'à la condition de le quitter dans quinze jours, lorsque les troupes de la garde venant de France seront arrivées. J'ai renoncé entièrement aux grandeurs de ce monde, je veux consacrer à l'étude le temps de mon exil, et lorsque j'aurai le bonheur de rentrer dans ma patrie, ce sera pour goûter le repos et le bonheur intérieurs près de ma famille et de mes amis. »

Il écrivait encore à la date du 18 mai :

« Je me porte on ne peut mieux, et dans quelques jours, lorsque je serai débarrassé de toutes fonctions, je serai parfaitement heureux ; avec quel plaisir je vais me livrer à l'étude, je commence déjà à lui consacrer quelques heures tous les jours, et j'y trouve un bonheur inexprimable. »

Drouot n'avait accepté que provisoirement le titre de gouverneur, et cependant le 2 juin il s'exprimait ainsi :

« Je continue à être gouverneur de l'île d'Elbe ;

j'avais espéré cesser toutes fonctions à l'arrivée de la garde, mais je n'ai pu obtenir ma démission ; j'insisterai de nouveau et avec plus d'instances quand tout sera organisé. »

Comme pour se rapprocher de sa chère patrie, Drouot entretenait des relations suivies avec les amis qu'il avait laissés en France, et il se plaisait à leur faire connaître quel était, loin d'eux, son genre de vie.

« Nous avons passé les grandes chaleurs, écrivait-il le 2 septembre. Les habitants disent n'en avoir pas éprouvé de semblables depuis plusieurs années, je n'en ai point été incommodé ; il y a longtemps que je n'ai passé un été aussi agréable.

» Je continue à mener la vie d'un anachorète, mais cette vie a pour moi les plus grands charmes ; il est impossible d'être plus heureux.

» Je me lève de cinq à six heures, et jusqu'à neuf heures je m'occupe uniquement des devoirs de gouverneur ; à neuf heures je déjeune.

» De dix heures à cinq heures d'après midi, je m'occupe de l'étude des sciences ; à cinq heures je dîne.

» De six heures à huit heures, je me promène ;

à huit heures je rentre chez moi et jusqu'à neuf heures je lis.

» A neuf heures je me couche et je lis dans mon lit jusqu'à dix heures.

» Tel est le train de vie que je mène tous les jours; je n'ai jamais été plus heureux; joignez à cela que je jouis de la meilleure santé, que je suis bien aimé de tous ceux qui ont des relations avec moi, et vous comprendrez ma situation aussi bien que moi.

» Cette félicité est augmentée les jours où j'ai le bonheur de recevoir des lettres du petit nombre de vrais amis que j'ai en France. »

A la fin de 1814, Drouot occupait encore les fonctions qu'il remplissait presque malgré lui, et en qualité de gouverneur de la résidence impériale il dut présenter à Napoléon le budget des dépenses de l'année suivante.

« L'empereur lui fit observer qu'il s'était oublié sur la liste des traitements, et lui en demanda la raison.

» — Sire, répondit Drouot, Votre Majesté me loge, elle me nourrit, elle me fait donner un cheval de son écurie lorsque j'ai l'honneur de l'accompagner dans ses promenades. Mes dépenses se réduisent donc à mon entretien, à un faible traitement pour mon secrétaire et aux gages d'un serviteur; or, mon revenu qui est connu de Votre Majesté est plus que suffisant pour répondre à ces besoins (1). »

Le budget lui ayant été rendu deux jours après, il s'y trouva porté pour une somme annuelle de six mille francs.

~~~~~~~~~~~~~~~~~~~~~~~~

CHAPITRE XII.

Cependant Napoléon semblait se résigner à son sort, et il s'occupait même activement à faire à sa nouvelle résidence toutes les améliorations dont elle paraissait susceptible, quand il fut averti que, dans un congrès qui se tenait à Vienne, on avait proposé, par mesure de prudence, de

---

(1) *Biographie du général Drouot*, par Jules Nollet de Nancy.
~~~~~~~~~~~~~~~~~~~~~~~~

l'enlever de Porto-Ferrajo et de le transporter à Sainte-Hélène.

A cette même époque, on venait de lui communiquer le numéro d'un journal français dans lequel il était dit que son retour était désiré et que le peuple le rappelait à grands cris.

Sa résolution fut bientôt prise et il arrêta que plutôt que de se laisser faire prisonnier, il quitterait l'île d'Elbe.

Drouot désapprouvait hautement le projet de l'empereur de retourner en France, et il disait à ce sujet : « Je suis bien persuadé que nous ferons une grande faute en quittant l'île d'Elbe, et si l'on m'en croyait, nous y resterions. » Et plus tard il ajoutait : « J'ai fait tout ce que j'ai pu pour détourner l'empereur de ce fatal projet, mais il n'a pas eu égard à mes observations, et j'ai cru devoir lui obéir. » Et plus tard il disait encore : « Abandonner le souverain auquel j'avais promis fidélité me paraissait une lâcheté. Pendant les jours qui ont précédé l'embarquement, j'ai été combattu d'un côté par le désir de m'éloigner, de l'autre par la honte d'abandonner, dans un moment de danger, le souverain dont j'avais jusqu'alors partagé le sort. J'ai pris le parti que me dictaient l'honneur et la fidélité.

» J'étais sujet de Napoléon, reconnu souverain étranger, et dès lors quelque fût mon opinion sur la nature et les suites de son entreprise, je ne pouvais me refuser à le servir : plus cette entreprise était périlleuse, moins j'avais la liberté de réfléchir sur sa légitimité. Tout militaire français appréciera ma position à cet égard. »

Napoléon débarqua au golfe de Juan le 1er mars 1815, et immédiatement il adressa à l'armée une proclamation qui parut dans le *Moniteur* du 21 du même mois et qui était revêtue de la signature de Drouot et des autres officiers revenus avec lui.

La voici dans son entier :

Au golfe Juan, le 1er mars 1815.

« SOLDATS ET CAMARADES,

» Nous vous avons conservé votre empereur, malgré les nombreuses embûches qu'on lui a tendues ; nous vous le ramenons au travers des mers, au milieu de mille dangers. Nous avons abordé sur la terre sacrée de la patrie avec la cocarde nationale et l'aigle impériale. Foulez aux pieds la cocarde blanche ! elle est le signe de la honte et du joug imposé par l'étranger et la trahison ; nous aurions inutilement versé notre sang si nous souffrions que les vaincus nous donnassent la loi,

» Depuis le peu de mois que les Bourbons règnent, ils vous ont convaincus qu'ils n'ont rien oublié ni rien appris ; ils sont toujours gouvernés par les préjugés, ennemis de nos droits et de ceux du peuple.

» Ceux qui ont porté les armes contre leur pays, contre nous, sont des héros ! Vous êtes des rebelles à qui l'on veut bien pardonner jusqu'à ce que l'on soit consolidé par la formation d'un corps d'armée d'émigrés, par l'introduction à Paris d'une garde suisse, et par le remplacement successif de nouveaux officiers dans vos rangs. Alors il faudra avoir porté les armes contre la patrie pour pouvoir prétendre aux honneurs et aux récompenses ; il faudra avoir une naissance conforme à leurs préjugés pour être officier ; le soldat devra toujours être soldat ; le peuple aura les charges et eux les honneurs.

» En attendant le moment où ils oseront détruire la Légion d'honneur, ils l'ont donnée à tous les traîtres et l'ont prodiguée pour l'avilir ; ils lui ont ôté toutes les prérogatives politiques que nous avions gagnées au prix de notre sang.

» Les quatre cent millions du domaine extraordinaire sur lesquels étaient assignées nos dotations, qui étaient le patrimoine de l'armée et le prix de nos succès, ils se les sont appropriés.

» Soldats de la grande nation, soldats du grand Napoléon, consentirez-vous à l'être d'un prince qui vingt ans fut l'ennemi de la France, et qui se vante de devoir son trône à un prince régnant d'Angleterre?

» Tout ce qui a été fait sans le consentement du peuple et le nôtre, et sans nous avoir consultés, est illégitime.

» Soldats, la générale bat et nous marchons, courez aux armes, venez nous joindre, joindre votre empereur et vos aigles tricolores; et si ces hommes, aujourd'hui si arrogants et qui ont toujours fui à l'aspect de nos armes, osent nous attendre, quelle plus belle occasion de verser notre sang et chanter l'hymne national. Soldats des 7ᵉ, 8ᵉ et 19ᵉ divisions militaires, garnisons d'Antibes, de Toulon, de Marseille, officiers en retraite, vétérans de nos armées, vous êtes appelés à l'honneur de donner le premier exemple, venez avec nous conquérir ce trône, *palladium* de nos droits, et que la postérité dise un jour : les étrangers secondés par des traîtres avaient imposé un joug honteux à la France ; les braves se sont levés, et les ennemis du peuple, de l'armée, ont disparu et sont rentrés dans le néant. »

<hr>

CHAPITRE XIII.

Napoléon en se dirigeant sur Paris confia à Drouot le commandement de l'avant-garde; mais il le suivit de près, car le 20 mars 1815 il rentrait dans sa capitale, méditant déjà le plan de la nouvelle campagne qui allait bientôt s'ouvrir.

Aussi, dès le 30 mai, il écrivait à Drouot.

Au général comte Drouot, aide-major de la garde impériale, à Paris.

« MONSIEUR LE COMTE,

» Il faut préparer le départ de la garde pour le 5 juin, pour tout délai. Faites-moi connaître quelle sera la force des quatre régiments de la

division de chasseurs et de la division de grenadiers, ce qui fera huit bataillons par division;
qui commandera; quelle artillerie y sera atta-
chée; qui restera à Paris pour commander les
dépôts. Je désire que deux régiments de la jeune
garde puissent partir également le 5 juin pour
rejoindre les deux régiments qui sont déjà à
Compiègne. Vous prendrez dans les tirailleurs
et voltigeurs tout ce qui est disponible pour
mettre ces régiments au complet.

» Je compte ainsi avoir sous les armes au
moins 8,000 hommes de vieille garde et 4,000 de
jeune garde : total 12,000 hommes d'infanterie.

» Les lanciers rouges formeront deux régiments : chaque régiment de quatre escadrons.

» Aussitôt qu'il sera possible, on en formera
trois régiments, ce qui fera douze escadrons.

» Les chasseurs auront la même organisation;
les dragons formeront deux régiments; les grenadiers à cheval formeront également deux régiments; on composera ainsi deux divisions de
cavalerie : une de cavalerie légère et l'autre de
grosse cavalerie.

» Toutes les administrations et les équipages
du train doivent partir le même jour, 5 juin.

Faites-moi connaître la situation des ambulances, des boulangers et la destination définitive de l'artillerie.

» Il y aura probablement une bataille bientôt. Je n'ai pas besoin de vous faire sentir de quelle importance extrême il sera pour nous d'avoir nos batteries de 12. Concertez-vous avec Evain, et voyez à prendre toutes les mesures pour que les quatre batteries de vieille garde qui restent à partir, puissent partir au plus tard le 5 juin; voyez s'il sera possible d'avoir une batterie à cheval de jeune garde (1). »

On voit par la correspondance de Napoléon quelle absolue confiance il avait dans son aide-de-camp et jusqu'à quel point il se reposait sur lui pour les mesures à prendre dans des circonstances où la moindre faute pouvait avoir les plus grandes conséquences.

Dans les premiers jours de juin il lui écrivait encore pour lui donner l'ordre de concentrer la garde entre Laon et Avesnes.

---

(1) D'après l'original, dépôt de la guerre.

Paris, 7 juin 1815.

Au général comte Drouot, aide-major de la garde impériale, à Paris.

« Faites partir demain à la pointe du jour, de manière à arriver le 10 de bonne heure à Soissons, les deux régiments de la garde.

» S'ils peuvent aller en deux jours à Soissons, qu'ils y aillent ; ils y seraient le 9 ; sans quoi qu'ils approchent de manière à aller le 10, s'ils en reçoivent l'ordre, entre Soissons et Laon. Toute la garde doit être arrivée le 9 au soir à Laon, hormis les deux régiments qui partent demain. Remettez-moi demain matin un petit état à colonnes qui me fasse connaître le jour du départ de chaque colonne et de son arrivée à Soissons, et proposez-moi de faire partir le 9 au matin tout ce qui serait en séjour à Soissons pour se rendre à Laon, et le 10 au matin tout ce qui serait arrivé le 9, de manière que le 10 au soir toute ma garde soit entre Laon et Avesnes, hormis les deux régiments qui partent demain, qui auront dépassé Soissons.

» En faisant partir les premiers bataillons de chasseurs et de grenadiers demain, retenez 100 hommes par bataillon (ce qui fera 400 hommes ici, à Paris ; cela fera 25 hommes par compagnie) en prenant les plus jeunes et les plus dispos pour former un bataillon provisoire qui sera chargé de fournir ma garde.

» Vous donnerez ordre que, le 12, les deux quatrièmes des voltigeurs et tirailleurs, avec le général de brigade qui doit les commander, partent pour Laon, où ils arriveront le 12 au soir. Cette brigade appartiendra à la deuxième division que le général Barrois commandera.

» J'ai vu avec peine que les deux régiments qui étaient partis ce matin n'avaient qu'une paire de souliers ; il y en a en magasin, il faut leur en procurer deux dans le sac et une aux pieds (1). »

Ainsi que Napoléon l'avait prévu, le 15 commençaient les hostilités ; mais, hélas! la victoire allait abandonner nos armes, et le 18 avait lieu cétte funeste bataille de Waterloo, où, malgré des prodiges de valeur, l'armée française devait être vaincue.

Bientôt la nouvelle de cette horrible défaite

____

(1) D'après la minute, *Archives de l'empire*, correspondance militaire de Napoléon Ier.

arriva à Paris, et Carnot, le ministre de la guerre, dut annoncer à la chambre des pairs la déroute de nos troupes. On voulait en douter encore quand le maréchal Ney déclara que tout était perdu.

« L'ennemi est à Nivelles avec 80,000 hommes, dit-il, et dans huit jours il peut être à Paris. »

Drouot, occupé des soins de son service, apprend par les journaux du matin ce qui vient de se passer la veille dans l'assemblée dont il est membre. Il court au Luxembourg où les pairs étaient réunis, et leur expose dans une chaleureuse improvisation la situation où se trouve l'empereur et les espérances qu'on peut encore avoir.

« Messieurs, dit l'illustre général, mon service ne m'ayant pas permis de me trouver hier matin à la séance de la chambre des pairs, je n'ai pu connaitre que par les journaux les discours qui ont été prononcés dans cette séance. J'ai vu avec chagrin ce qui a été dit pour obscurcir la gloire de nos armes, exagérer nos désastres et diminuer nos ressources. Mon étonnement a été d'autant plus grand que ces discours étaient prononcés par un général distingué qui, par sa grande valeur et ses connaissances militaires, a tant de fois mérité la reconnaissance de la nation. J'ai cru m'apercevoir que l'intention du maréchal avait été mal comprise, que sa pensée avait été mal saisie. L'entretien que j'ai eu ce matin avec lui prouve que je ne m'étais point trompé.

» Je vous prie, messieurs, de me permettre de vous exposer en peu de mots ce qui s'est passé dans cette trop courte et trop malheureuse campagne.

» Je dirai ce que je pense, ce que je crains, ce que j'espère. Vous pouvez compter sur ma franchise. Mon attachement à l'empereur ne peut être douteux ; mais avant tout et par-dessus tout j'aime ma patrie. Je suis amant enthousiaste de la gloire nationale, et aucune affection ne pourra jamais me faire trahir la vérité.

» L'armée française a franchi la frontière le 15 juin, elle était composée de plusieurs corps de cavalerie, de cinq corps d'infanterie et de la garde impériale. Les cinq corps d'infanterie étaient commandés : le premier, par le comte d'Erlon ; le second, par le comte Reille ; le troisième, par le comte Vandamme ; le quatrième, par le comte Gérard ; le sixième, par le comte de Lobau. Je ne parle pas du cinquième corps qui était en Alsace sous les ordres du comte Rapp.

» L'armée rencontra quelques troupes légères

en deçà de la Sambre, les culbuta et leur prit quatre à cinq cents hommes; elle passa ensuite la rivière, le premier et le deuxième corps à Marchiennes-au-Pont, le reste de l'armée à Charleroi.

» Le sixième corps, qui était resté en **arrière**, n'effectua le passage que le lendemain.

» L'armée se porta en avant de Charleroi sur la route de Fleurus; le corps de Vandamme attaqua, vers quatre ou cinq heures du soir, une division ennemie qui paraissait forte de huit à dix mille hommes, infanterie et cavalerie, soutenue par quelques pièces de canon, et qui se tenait à cheval sur la route de Fleurus.

» Cette division fut enfoncée, ses carrés d'infanterie furent culbutés par notre cavalerie; l'un d'eux fut entièrement passé au fil de l'épée.

» Dans une des charges de cavalerie, la France perdit mon brave et estimable camarade Letort, aide-de-camp de l'empereur.

» Nos avant-postes se portèrent sur Fleurus. Le lendemain matin, l'armée française entra dans cette plaine de Fleurus, que vingt et un ans auparavant nous avions illustrée par les plus beaux faits d'armes. L'armée ennemie paraissait en amphithéâtre sur un coteau, derrière les villages de Saint-Amand et de Ligny ; la droite paraissait s'étendre peu au-delà de Saint-Amand ; la gauche se prolongeait peu au-delà de Ligny.

» Vers midi, le troisième corps d'infanterie, soutenu par son artillerie, attaque le village de Saint-Amand, s'empare du bois qui précède ce village et pénètre jusqu'aux premières maisons.

» Bientôt il est ramené vigoureusement. Soutenu par de nouvelles batteries, il recommence l'attaque, et, après plusieurs tentatives très opiniâtres, il finit par rester maître du bois et du village qu'il trouve rempli de morts et de blessés prussiens.

» Pendant ce temps, le quatrième corps attaquait le village de Ligny ; il y trouva beaucoup de résistance, mais l'attaque fut dirigée et soutenue avec beaucoup d'opiniâtreté.

» Des batteries occupaient tout l'intervalle des deux villages pour contre-battre l'artillerie que l'ennemi avait placée au pied et sur le penchant du coteau.

» Je voyais avec complaisance prolonger cette canonnade qui était tout à notre avantage. Les troupes destinées à protéger nos batteries étant éloignées et masquées par les sinuosités du terrain, se trouvaient à l'abri du danger. Celles de l'ennemi, au contraire, disposées par masses et en amphithéâtre derrière les batteries, éprouvaient les plus grands dommages.

» Il paraît que l'intention de l'empereur était de porter cette réserve au-delà du ravin et sur la position de l'ennemi, aussitôt que nous serions entièrement maîtres du village de Ligny.

» Cette manœuvre isolait entièrement la gauche des Prussiens et la mettait à notre discrétion. Le moment de l'exécuter était arrivé entre quatre et cinq heures, lorsque l'empereur fut informé que le maréchal Ney, qui se trouvait loin de notre gauche à la tête du premier et du deuxième corps, avait en tête des forces anglaises très considérables; il avait besoin d'être soutenu. Sa Majesté ordonna que huit bataillons de chasseurs de la vieille garde et une grande partie des réserves de l'artillerie se portassent à la gauche du village de Saint-Amand au secours des deux premiers corps; mais bientôt on reconnut que ce renfort n'était pas nécessaire, et il fut rappelé sur le village de Ligny, par lequel l'armée devait déboucher; les grenadiers de la garde traversèrent le village, culbutèrent l'ennemi à la nuit, et l'armée, chantant l'hymne de la victoire, prit position au-delà du ravin, sur le champ qu'elle venait d'illustrer par les plus beaux faits d'armes.

» J'ignore quels sont les autres trophées qui signalèrent cette grande journée, mais ceux que je connais sont plusieurs drapeaux et vingt-quatre pièces ennemies rassemblées sur le même point.

» Dans aucune circonstance je n'ai vu les troupes françaises combattre avec un plus noble enthousiasme ; leur élan, leur valeur faisaient concevoir les plus grandes espérances. Le lendemain matin, j'ai parcouru le champ de bataille, je l'ai vu couvert de morts et de blessés ennemis. L'empereur fit donner des secours et des consolations à ces derniers ; il laissa sur le terrain des officiers et des troupes chargés spécialement de les recueillir.

» Les paysans emportaient les Français blessés avec le plus grand soin ; ils s'empressaient de leur apporter des secours ; mais on était forcé d'employer les menaces pour les obliger d'enlever les Prussiens, auxquels ils paraissaient porter beaucoup de haine.

» D'après les rapports de reconnaissance, on

apprit qu'après la bataille, l'armée ennemie s'é-
tait partagée en deux ; que les Anglais prenaient
la route de Bruxelles, que les Prussiens se dirigeaient vers la Meuse. Le maréchal Grouchy, à
la tête d'un gros corps de cavalerie, des troisième
et quatrième corps d'infanterie, fut chargé de
poursuivre ces derniers. L'empereur suivit la
route des Anglais avec les premier, deuxième et
sixième corps, et la garde impériale.

» Le premier corps, qui était en tête, attaqua
et culbuta plusieurs fois l'arrière-garde ennemie,
et la suivit jusqu'à la nuit, qu'elle prit position
sur le plateau en arrière du village de Mont-
Saint-Jean, sa droite s'étendant vers le village
de Braine, et sa gauche se prolongeant indéfini-
ment dans la direction de Wavres ; il faisait un
temps affreux, tout le monde était persuadé que
l'ennemi prenait position pour donner à ses con-
vois et à ses parcs le temps de traverser la forêt
de Soignes, et que lui-même exécuterait le même
mouvement à la pointe du jour.

» Au jour, l'ennemi fut reconnu dans la même
position. Il faisait un temps effroyable et qui avait
tellement dénaturé les chemins, qu'il était impossible de manœuvrer avec l'artillerie dans la
campagne. Vers neuf heures, le temps s'éleva, le

vent sécha un peu la campagne, et l'ordre d'attaquer à midi fut donné par l'empereur.

» Fallait-il attaquer l'ennemi en position avec des troupes fatiguées par plusieurs journées de marches, une grande bataille et des combats; ou bien fallait-il leur donner le temps de se remettre de leurs fatigues et laisser l'ennemi se retirer sur Bruxelles?

» Si nous avions été heureux, tous les militaires auraient déclaré que c'était une faute impardonnable de ne pas poursuivre une armée en retraite lorsqu'elle n'était plus qu'à quatre lieues de sa capitale, où nous étions appelés par de nombreux partisans.

» La fortune a trahi nos efforts, et alors on regarde comme une grande imprudence d'avoir livré la bataille.

» La postérité plus juste prononcera.

» Le deuxième corps commença l'attaque à midi le 18. La division commandée par le prince Jérôme attaqua le bois qui était placé en avant de la droite de l'ennemi. Elle s'en empara d'abord, en fut repoussée, et n'en resta entièrement maîtresse qu'après plusieurs heures de combats opiniâtres.

» Le premier corps, dont la gauche était appuyée à la grande route, attaquait en même temps les maisons de Mont-Saint-Jean, s'y établissait et se portait jusque sur la position de l'ennemi. Le maréchal Ney, qui commandait les deux corps, se tenait de sa personne sur la grande route pour diriger les mouvements suivant les circonstances.

» Le maréchal me dit, pendant la bataille, qu'il allait faire un grand effort sur le centre de l'ennemi pendant que sa cavalerie ramasserait les pièces qui paraissaient n'être pas beaucoup soutenues. Il me dit plusieurs fois, lorsque j'allais lui porter des ordres pendant la bataille, que nous allions remporter une grande victoire.

» Cependant le corps prussien, qui s'était joint à la gauche des Anglais, se mit en potence sur notre flanc droit et commença à l'attaquer vers cinq heures et demie du soir. Le sixième corps, qui n'avait pas pris part à la bataille du 16, fut disposé pour lui faire face, et fut soutenu par une division de la jeune garde et quelques bataillons de la garde. Vers sept heures, on entendit dans le lointain, vers notre droite, un feu d'artillerie et de mousqueterie. On ne douta pas que le maréchal Grouchy n'eût suivi le mouvement des Prussiens, et ne vint prendre part à la victoire.

» Des cris de joie se font entendre sur toute notre ligne. Les troupes, fatiguées par huit heures de combat, reprennent vigueur et font de nouveaux efforts. L'empereur regarda cet instant comme décisif. Il porte en avant toute sa garde, ordonne à quatre bataillons de passer près du village de Mont-Saint-Jean, de se porter sur la position ennemie et d'enlever à la baïonnette tout ce qui résisterait. La cavalerie de la garde et tout ce qui restait de cavalerie sous la main seconda ce mouvement. Les quatre bataillons, en arrivant sur le plateau, sont accueillis par le feu le plus terrible de mousqueterie et de mitraille. Le grand nombre de blessés qui s'en détachent font croire que la garde est en déroute. Une terreur panique se communique aux corps voisins, qui prennent la fuite avec précipitation. La cavalerie ennemie, qui s'aperçoit de ce désordre, est lâchée dans la plaine; elle est contenue pendant quelque temps par les douze bataillons de vieille garde qui n'avaient point encore donné, et qui, entraînés eux-mêmes par ce mouvement inexplicable, suivent, mais en ordre, la marche des fuyards.

» Toutes les voitures d'artillerie se précipitent sur la grande route ; bientôt elles s'y accumulent tellement qu'il est impossible de les faire marcher : elles sont, la plupart, abandonnées sur le chemin et dételées par les soldats qui en emmènent les chevaux.

» Tout se précipite vers le pont de Charleroi et celui de Marchiennes, d'où les débris furent dirigés sur Philippeville et Avesnes.

» Tel est l'exposé de cette funeste journée. Elle devait mettre le comble à la gloire de l'armée française, détruire les vaines espérances de l'ennemi et peut-être donner très prochainement à la France la paix si désirée; mais le ciel en a décidé autrement, il a voulu qu'après tant de catastrophes notre malheureuse patrie fût encore une fois exposée aux ravages des étrangers.....

» Quoique nos pertes soient considérables, notre position n'est cependant pas désespérée; les ressources qui nous restent sont bien grandes si nous voulons les employer avec énergie.

» Le corps commandé par le général Grouchy, composé des troisième et quatrième d'infanterie et d'un grand corps de cavalerie, vient d'effectuer sa retraite par Namur; il est rentré en France par Givet et Rocroy, son matériel est intact. Les débris des corps battus à Mont-Saint-Jean forment déjà une masse respectable qui augmente de jour en jour.

» Le ministre de la guerre a annoncé aux chambres qu'on pouvait disposer de vingt à vingt-cinq mille hommes pris dans les dépôts.

» Les mesures prises par les chambres pour appeler à la défense de la patrie tous les hommes en état de porter les armes donneront bientôt un grand nombre de bataillons, si l'on presse avec toute l'activité possible la levée, l'embrigade-ment et la formation de ces bataillons.

» La perte de notre matériel peut être facilement réparée. Nous avons à Paris trois cents pièces de bataille avec leur approvisionnement; la moitié de ces pièces suffit pour remplacer celles que nous avons perdues. Il suffit que les chambres prennent sans délai des mesures pour avoir des chevaux et des conducteurs, ce qui, dans une ville comme Paris, peut être effectué en vingt-quatre heures.

» Je ne puis assez le répéter à la chambre : la dernière catastrophe ne doit pas décourager une nation grande et noble comme la nôtre. Si nous déployons dans ces circonstances critiques toute l'énergie nécessaire, ce dernier malheur ne fera que relever notre gloire. Et quel est le sacrifice qui coûterait aux vrais amis de la patrie, dans un moment où le souverain que nous avons proclamé naguère, que nous avons revêtu de toute notre confiance, vient de faire le plus grand, le plus noble de tous les sacrifices !

» Après la bataille de Cannes, le sénat romain vota des remercîments au général vaincu, parce qu'il n'avait pas désespéré du salut de la république, et s'occupa sans relâche de lui donner les moyens de réparer les désastres qu'il avait occasionnés par son entêtement et ses mauvaises dispositions.

» Dans une circonstance infiniment moins critique, les représentants de la nation se laisseront-ils abattre, et oublieront-ils les dangers de la patrie pour s'occuper de discussions intempestives au lieu de recourir au remède qui assurerait le salut de la France ? »

Ce discours produisit sur l'assemblée une vive sensation, mais elle ne partageait pas la confiance que Drouot conservait encore, et Napoléon, se sentant abandonné de ceux sur lesquels il comptait pour relever sa fortune, se trouva dans la nécessité d'abdiquer une seconde fois. Le 22 juin, il adressa au peuple français une proclamation dans laquelle il annonçait qu'il s'offrait en sacrifice à la haine des ennemis de la France.

Le 24 juin, Drouot reçut du gouvernement provisoire le commandement de la garde impériale arrivée sous les murs de Paris.

On l'avait choisi pour ce poste éminent, parce qu'on le savait aimé des soldats et qu'on croyait pouvoir compter sur son influence pour calmer les esprits et empêcher des désordres ; en effet, par ses conseils et par sa fermeté il sut maintenir dans l'armée la plus sévère discipline, et il préserva la capitale des malheurs dont elle était menacée. Il n'hésita pas d'ailleurs un seul instant à assumer sur sa tête la responsabilité qui lui incombait, et voici ce qu'il écrivait une année avant sa mort :

« Je regardai comme le premier de mes devoirs dans ces graves circonstances de me dévouer entièrement à ma patrie, et de ne reculer devant aucun sacrifice personnel pour contribuer à son salut ; ce devoir me paraissait d'autant plus impérieux que j'avais moi-même pris part aux événements qui avaient amené notre malheureuse situation ; en conséquence, après avoir consulté l'empereur, qui applaudit à ma résolution, j'ai accepté le commandement qui m'était donné par le gouvernement, et je me suis séparé momentanément de mon bienfaiteur avec l'intention et l'espoir de le rejoindre aussitôt que la France serait sauvée. Les événements qui suivirent ont confondu mes plus chères espérances; je n'ai eu ni la consolation d'adoucir la captivité de l'empereur, ni le bonheur de mourir en combattant pour la délivrance de mon pays (1). »

Drouot à la tête de quinze mille hommes de la garde prit le chemin de la Loire, y fit sa jonction avec les débris de l'armée, et là, au milieu de tous ces braves soldats qui n'avaient pas désespéré de la patrie et aspiraient au moment de prendre une éclatante revanche, il attendit les ordres du gouvernement provisoire.

Peu de temps après, il dut prendre la cocarde blanche et la faire adopter par l'armée.

Cette concession qui lui perçait le cœur, sa conscience lui ordonna de la faire à la patrie; et par ce douloureux sacrifice qu'il eut la force d'imposer également à ses soldats, il lui épargna de déplorables déchirements.

---

(1) *Biographie du général Drouot*, écrite par lui-même.

Malgré cette noble conduite, Drouot fut traduit par le nouveau gouvernement devant un conseil de guerre.

Il pouvait fuir, se réfugier à l'étranger, il repondait à ses amis qui le conjuraient de prendre ce parti :

« Non, je ne pourrais pas dormir sur l'oreiller d'un exilé ; si je dois être jugé, je me présenterai devant mes juges. *La Providence est grande.* »

C'était son mot favori.

Rien ne put vaincre sa détermination ; mais comme il ne voulait pas qu'on pût dire qu'il avait été fait prisonnier, il partit secrètement pour Paris où il arriva le 3 août, et il se présenta à la prison de l'Abbaye.

On n'avait reçu aucun ordre et on lui en refusa l'entrée. Il insista pour y être incarcéré, on persista à ne pas vouloir le recevoir, alors il s'adressa au ministre de la police, et, après de nombreuses démarches, on se décida à faire droit à ses étranges réclamations, et il obtint enfin d'être admis dans la prison où il n'entra que le 14 août seulement.

Pendant sa détention à la prison de l'Abbaye, Drouot n'interrompit pas un seul jour l'habitude qu'il avait contractée de lire et d'étudier. Une foule de personnes se présentèrent pour le voir ; trop sûr de ne pouvoir plus leur être utile, il les pria de renoncer à leur visite et décida qu'il ne recevrait personne passé l'heure de midi ; alors il n'était plus accessible que pour les prisonniers d'Etat, ses compagnons d'infortune, dont il était devenu le conseil et le consolateur (1).

Le 6 avril 1816 , après avoir demandé à plusieurs reprises qu'on activât l'instruction de son procès, il parut enfin devant le conseil de guerre, assisté de son défenseur, monsieur Girod de l'Ain.

Monsieur le comte d'Anthouard présidait le conseil, assisté des lieutenants-généraux baron Rogniat et baron Laviel, auxquels étaient adjoints le colonel marquis de Marcillac, le chef d'escadron vicomte de Pons, le comte Louis de Vergennes et monsieur Dutois, capitaine de la légion de la Seine.

Les fonctions de procureur du roi étaient remplies par le capitaine Beraud de Bessins, celles de rapporteur par le chef de bataillon Delon, et celles de greffier par monsieur Boudin.

---

(1) Notice historique imprimée en tête du procès du général Drouot.

Drouot n'avait réclamé à sa décharge que le témoignage du duc de Tarente, et voici dans quels termes ce dernier déposa dans la séance du 25 février :

« J'arrivai à Bourges pour prendre le commandement de l'armée de la Loire à l'époque où le général Drouot, frappé par l'ordonnance du 24 juillet, quittait celui de la garde pour se constituer volontairement prisonnier.

» J'appris que cette garde, pleine de confiance dans son commandant, s'était abandonnée à la sagesse de ses conseils et à sa direction, au moment très critique de la capitulation du 3 juillet, et que cet exemple salutaire entraînant l'armée, Paris fut préservé des événements désastreux dont il était menacé.

» La garde ayant été conduite au-delà de la Loire, le général Drouot, par ses soins assidus et sa fermeté, la maintint dans la plus sévère discipline, et, par son exemple et ses bons conseils, l'a ralliée et franchement soumise à l'obéissance du roi.

» Le général a calmé les têtes exaltées, et en a écarté de dangereuses qui auraient pu égarer cette garde de nouveau et la porter à des excès dont

les suites eussent été incalculables et terribles pour
la France.

» Une si heureuse influence , si utilement ap-
pliquée à cette garde pour la cause de Sa Majesté
et de la patrie , a décidé l'armée à la soumission.
Cette conduite a ainsi préservé cette partie de la
France de l'invasion étrangère, des plus grands
malheurs , et sauvé cette armée de ses propres
erreurs.

» La vérité me fait un devoir de déclarer hautement ici que c'est à cette bonne direction donnée
aux esprits par les chefs de l'armée , que c'est à
cet exemple donné par la garde sous l'influence du
général Drouot , qu'est due la résignation de l'armée à subir le licenciement général que j'ai été
chargé d'opérer.

» Le général Drouot est si généralement connu
et estimé , que je suis dispensé de faire valoir
ses mérites militaires ; je ne pourrais en parler
d'ailleurs sans blesser sa modestie. »

A la suite de cette déposition si favorable à sa
cause et si flatteuse pour son amour-propre ,
Drouot parut visiblement ému , et, comme à ce
moment il se sentait incapable de prendre la parole , il écrivit à la hâte quelques lignes et ce fut

son défenseur, monsieur Girod de l'Ain, qui lut sa réponse conçue en ces termes :

« Je ne sais comment exprimer toute la reconnaissance que j'éprouve pour la déposition que monsieur le maréchal vient de faire en ma faveur; tous mes vœux sont exaucés, puisque je possède l'estime du plus loyal des guerriers de la France. »

Voici maintenant les principaux interrogatoires qu'on avait fait subir au général Drouot avant la première séance de son procès.

CHAPITRE XIV.

Interrogatoires du général Drouot les 2, 9, 20 et 22 décembre 1815, 30 janvier et 7 février 1816 (1).

« *D.* Vivant dans la société intime de Napo-

_____

(1) Procès du général Drouot, imprimé à Paris en 1816. (Lhuiller, Pillet, Delaunay, libraires.)

léon et jouissant de sa confiance, vous avez dû avoir connaissance de sa correspondance en France et de ses intelligences avec les Français ennemis du roi, enfin de la conspiration qui avait pour but de rappeler Napoléon et de le faire remonter sur le trône de France au détriment du légitime souverain?

» *R.* Je n'ai eu aucune connaissance d'une correspondance de Napoléon avec la France, je n'ai connu aucune conspiration pour le rétablissement de Napoléon; les raisons suivantes me semblent prouver qu'il n'en a pas existé :

» 1° Je vivais dans l'île d'Elbe avec Napoléon; je le voyais beaucoup; je mangeais avec lui; je l'accompagnais dans ses promenades. Il m'a quelquefois entretenu des événements politiques; jamais il ne m'a parlé de correspondance avec la France, ni de la conspiration qui aurait eu pour but son rétablissement; je crois qu'il ne m'aurait pas caché cette conspiration si elle avait existé.

» 2° Napoléon, ne recevant pas les deux millions qui devaient lui être payés d'après le traité du 11 avril, me dit qu'il se trouvait dans la nécessité de congédier une partie de sa garde. Plusieurs villes étrangères lui ont fait des offres d'argent ; il aurait sans doute accepté ces offres s'il avait travaillé à remonter sur le trône de France ; il aurait mieux aimé emprunter quelques centaines de mille francs que de congédier des hommes qui lui avaient donné de si grandes preuves d'attachement, et qui pouvaient lui être utiles pour l'entreprise qu'il aurait alors méditée.

» 3° Lorsque Napoléon me parla du projet de rentrer en France, je ne doutai point qu'il ne fût d'accord avec quelques puissances étrangères et qu'un parti nombreux ne lui eût proposé les moyens d'arriver jusqu'à Paris. La suite prouve qu'aucune puissance n'avait connu le projet de Napoléon, et qu'aucune conspiration ne devait lui préparer les moyens de réussir.

» J'ai reçu depuis le 20 mars les visites d'un grand nombre d'hommes de tous rangs, de tous grades, qui, me croyant un grand crédit, me parlèrent de leur dévouement à Napoléon, des vœux qu'ils avaient faits pour son retour ; si quelqu'un avait conspiré pour aider et accélérer ce retour, certainement il s'en serait flatté à l'époque où il espérait en recevoir la récompense. Personne ne m'a parlé de conspiration dont il aurait eu connaissance, ou à laquelle il aurait pris part.

» Ces raisons me paraissent prouver d'une manière évidente que Napoléon n'avait pas formé le projet de rentrer en France, qu'il n'avait connaissance d'aucune conspiration qui tendît à renverser le gouvernement du roi. Je pourrais à ces raisons joindre quelques autres preuves : par exemple, jusqu'aux derniers jours, Napoléon m'engagea à me marier à l'île d'Elbe, il m'avoua qu'il désirait me conserver toujours près de lui. Il tenait à me voir contracter des liens qui m'attacheraient pour toujours à cette île; il n'avait donc pas l'intention de la quitter.

» *D.* La demande que vous avez écrite au ministre de la guerre postérieurement au traité du 11 avril, en annonçant votre résolution de partir pour l'île d'Elbe, n'annonçait-elle pas aussi que vous continuiez à vous considérer comme sujet français?

» *R.* Cette lettre ne renfermait aucune expression dont on pût induire que je continuais à me considérer comme sujet français, aucun engagement que je n'eusse respecté depuis. A l'époque où cette lettre fut écrite, j'avais encore un commandement dans l'armée ; on n'avait pas encore pourvu à mon remplacement, et je devais, jusqu'à mon remplacement, me soumettre au gouvernement que la France reconnaissait.

» Des motifs indépendants du traité m'ont déterminé d'ailleurs à écrire cette lettre, qui devenait importante et nécessaire pour la tranquillité
du gouvernement provisoire.

» La garde était réunie à Fontainebleau autour
de Napoléon; elle ne recevait d'ordres que ceux
que je lui transmettais en ma qualité d'aide-major. Il était essentiel d'ôter au gouvernement l'inquiétude que pouvait lui donner un corps de
troupes si nombreux, si formidable, et commandé
par un général qui montrait tant de dévouement
à Napoléon. Cette considération m'a engagé à
prévenir le ministre de la guerre que je donnais
mon adhésion au gouvernement provisoire, en
même temps que je lui annonçais ma résolution
de profiter du traité du 11 avril pour suivre Napoléon à l'île d'Elbe.

» *D.* Quelles ont été vos fonctions, quelle a
été votre conduite depuis le 20 mars jusqu'à la
seconde abdication de Napoléon?

» *R.* Depuis le 20 mars jusqu'à la seconde abdication, j'ai conservé la place d'aide-de-camp de
Napoléon et celle d'aide-major de la garde. Je
n'ai reçu ni grades ni décorations; Napoléon savait que je ne voulais ni honneurs ni richesses,
et que j'aspirais après le moment où je pourrais

rentrer dans l'obscurité et consacrer mon temps à l'étude et à la retraite.

» *D.* Dans cette lettre vous annoncez qu'éloigné de votre patrie vous ne cesserez de former des vœux pour son bonheur et qu'elle vous trouvera toujours prêt à venir vous ranger parmi ses défenseurs; vous vous êtes donc toujours considéré comme français?

» *R.* Dans aucune circonstance, l'amour du pays où je suis né ne s'est éteint dans mon cœur. Ce sentiment est né avec moi, il mourra avec moi. Quoique je fusse engagé au service d'un souverain étranger, je n'ai pas pour cela cessé d'aimer mon ancienne patrie et de faire des vœux pour elle.

» Sans doute si la France avait eu des ennemis à combattre, j'aurais prié mon souverain de me permettre de quitter l'île d'Elbe pour quelques années, de prendre rang parmi les soldats français, de verser de nouveau mon sang pour la France.

» Mais ces vœux, que je m'honore d'avoir toujours faits, ne me constituaient pas citoyen français et ne me dispensaient point de mes devoirs envers le souverain que je servais, jusqu'au moment où celui-ci m'aurait dégagé des serments qui me liaient à lui. »

Après les déclarations nettes et précises du général Drouot appuyées de la déposition si concluante du maréchal duc de Tarente, le rapporteur, monsieur le chef de bataillon Delon, ayant passé brièvement en revue les causes qui avaient suscité le procès fait à l'ancien aide-de-camp de l'empereur, terminait ainsi son rapport :

« Si nous avions le moindre doute sur l'innocence morale de monsieur le général Drouot, ne serait-il pas entièrement dissipé par la déclaration de Son Excellence le maréchal duc de Tarente, lorsque cet homme d'honneur, ce preux et loyal chevalier, ce fidèle et dévoué sujet vient attester devant Dieu et la justice la moralité, la bonne conduite et, disons-le, messieurs, en nous servant des propres expressions du maréchal, les services éminents rendus au roi et à la France par le général Drouot? Quel est le tribunal, quel est le juge qui, après une pareille déclaration, pourrait condamner ce général, pourrait le marquer du sceau de l'infamie et de la réprobation en le déclarant sujet rebelle et soldat traître à son roi et à sa patrie? Ne serait-il pas à craindre qu'un pareil jugement ne fût une tache ineffaçable dont l'histoire et la postérité feraient justice ?

» Je conclus, en conséquence, à ce que le lieutenant-général comte Drouot soit déclaré :

» 1° Non coupable d'avoir trahi le roi avant le 20 mars ;

» 2° Non coupable d'avoir attaqué la France et le gouvernement à main armée ;

» 3° Non coupable de s'être emparé du pouvoir par violence, lesdits délits spécifiés dans l'article premier de l'ordonnance de Sa Majesté du 24 juillet dernier. »

Quand le rapporteur eut terminé la lecture de son rapport, le général Drouot se leva et prononça le discours suivant :

« MESSIEURS,

» Mes moyens de défense sont renfermés dans les interrogatoires que m'a fait subir monsieur le rapporteur du conseil : j'ai fait connaître quelle part j'ai prise aux événements qui ont précédé le 20 mars, et j'ai répondu à toutes les objections qui m'ont été faites, plein de confiance dans la justice et l'impartialité de mes juges. Je me bornerai à leur rappeler la conduite que j'ai tenue dans les dernières circonstances ; j'exposerai les faits avec simplicité, avec franchise ; habitué à chercher la gloire au milieu des plus grands dangers, je ne déshonorerai point par la dissimulation une vie honorable et loyale.

» Lorsque Napoléon abdiqua l'empire en 1814, j'étais attaché à sa personne en qualité d'aide-de-camp ; j'étais en outre aide-major de la garde. Napoléon m'avait attaché à lui dans sa prospérité ; il m'avait témoigné de la confiance ; je me suis fait un devoir de ne pas l'abandonner dans l'adversité, et mon attachement pour lui a augmenté avec la mauvaise fortune. Le traité du 11 avril 1814 ayant accordé à Napoléon la souveraineté de l'île d'Elbe avec le titre d'empereur et l'autorisation d'emmener avec lui quatre cents hommes de ses troupes, j'ai profité de cette autorisation pour suivre le souverain qui m'avait comblé de bienfaits : pour lui prouver ma fidélité et ma reconnaissance, j'ai renoncé aux avantages et aux espérances que m'offrait ma patrie, j'ai renoncé à ce que j'avais de plus cher au monde, au titre de citoyen français. Jusqu'au 20 avril, j'ai conservé un commandement dans l'armée française, et j'ai continué à remplir les fonctions d'aide-major de la garde ; en cette qualité, j'ai reconnu le gouvernement provisoire auquel toute l'armée avait donné son adhésion. Le 20 avril j'ai renoncé à mes fonctions, et libre de tous mes devoirs envers mon pays, je l'ai quitté sans espoir de retour, décidé à consacrer le reste de mes jours au service du souverain dont je partageais le sort.

» En arrivant à l'île d'Elbe, Napoléon me nomma de suite gouverneur de l'île, et me chargea d'en prendre possession en son nom ; ces fonctions conférées par un souverain étranger me faisaient perdre le titre de français et m'imposaient de nouveaux devoirs, de nouvelles obligations. Je renouvelai les serments de fidélité qui m'attachaient à Napoléon, et, dès lors, je me livrai tout entier à ma nouvelle patrie ; peu à peu je cessai de correspondre avec mes anciens amis et je ne m'occupai plus de la France que pour faire des vœux pour son bonheur et sa prospérité.

» Pendant toute cette année, le nom du roi ne fut prononcé qu'avec respect. Des gravures, chansons et pamphlets injurieux à la famille royale ayant été apportés dans l'île, j'en ai défendu la publication. J'ai éloigné les colporteurs de ces pamphlets, et j'ai pris des mesures pour empêcher qu'ils ne reparussent dans l'île. Les étrangers qui ont visité l'île d'Elbe se plairont à attester la vérité de ce que j'avance.

» Jusque vers le milieu de février, je n'ai rien

vu ni entendu qui pût faire soupçonner le projet de quitter l'île d'Elbe. Les mesures qu'avait fait prendre une proposition du congrès de Vienne et le non-paiement des deux millions stipulés par le traité du 11 avril paraissaient prouver la résolution de ne point sortir de l'île. Du 15 au 20 février, Napoléon me dit que la France était mécontente, qu'elle regrettait et demandait son ancien souverain et qu'il était disposé à se rendre aux vœux de la nation. Frappé d'étonnement, j'ai manifesté mon opposition à ce projet; mais j'étais lié à Napoléon par mes serments, et, malgré mon opposition, je n'ai pu me dispenser de le suivre. Au milieu des malheurs qui désolent la France, j'ai la consolation de n'avoir pas provoqué l'invasion qui lui a été si funeste, et d'avoir fait ce qu'il était humainement possible de faire pour l'empêcher.

» Toutes les circonstances de la marche de Napoléon vers Paris vous sont connues; ma conduite pendant cette marche a été une conséquence nécessaire du principe qui m'avait empêché d'abandonner mon souverain, et m'imposait l'obligation d'être fidèle aux serments qui m'attachaient à lui. Par suite de ce principe, j'ai dû agir dans les intérêts de Napoléon, je n'ai pu me refuser à signer une proclamation faite par lui et qui a été défigurée par les journaux. J'ai dû, malgré l'ordonnance royale du 6 mars, rester fidèle sous les drapeaux de Napoléon et fermer les yeux sur nos dangers particuliers pour n'être point infidèle et parjure. Il y a plus, si ma fidélité n'avait pas été à toute épreuve, elle n'aurait pu que se fortifier par les dangers dont j'étais menacé et par ceux que courait Napoléon. Lorsque je me reporte à cette époque malheureuse, je vois qu'il ne m'a pas été possible de me conduire autrement que je l'ai fait; aucune vue d'ambition ou d'intérêt ne m'a entraîné; toutes mes actions ont été dirigées par le sentiment le plus honorable, qui est gravé profondément dans mon cœur, *fidélité à mes serments, attachement à mon souverain.*

» Depuis le 20 mars, j'ai conservé la place d'aide-de-camp et celle d'aide-major de la garde que j'occupais avant l'abdication. Je n'ai reçu ni grades ni décorations : Napoléon savait que je ne voulais ni honneurs ni richesses, que tous mes vœux se bornaient à rentrer dans l'obscurité et à vivre dans la retraite.

» Lorsque Napoléon eut abdiqué, le 21 juin 1815, j'ai été dégagé des serments qui m'attachaient à lui, n'écoutant que mon attachement à la France; j'ai accepté le commandement du

la garde qui me fut donné par la commission du
gouvernement, je suis resté au poste que la patrie
m'assignait dans ces circonstances difficiles. Je
me suis exposé à de grands dangers sans doute,
mais j'ai beaucoup contribué à sauver Paris et à
préserver une partie de la France de l'invasion
des étrangers ; ce service rendu à mon pays me
dédommagera de tous les malheurs qui pourraient m'arriver.

» Lorsque l'armée s'est repliée sur Paris, je
n'ai rien négligé pour maintenir le bon ordre dans
la garde ; j'ai conservé la plus sévère discipline
parmi les troupes que le malheur avait exaspérées,
et qui, dans ces temps désastreux, ont donné le
plus noble exemple de résignation et de discipline.

» Le corps que je commandais dans la garde
était fort de 16,000 hommes ; ce corps plein de
confiance en mon attachement à la patrie s'est
abandonné à mes conseils ; son bon exemple a
été suivi de toute l'armée et Paris a été sauvé.

» Arrivé sur la Loire, j'ai rallié la garde au
roi et j'ai fait sentir à cette brave garde la nécessité de se soumettre franchement à Sa Majesté. Je
lui ai donné l'exemple en signant le premier l'acte
de soumission. Depuis ce moment, le roi a pu
compter sur ma fidélité.

» Dès que j'eus connaissance de l'ordonnance royale du 24 juillet, je me suis soumis avec respect aux ordres de Sa Majesté. J'ai quitté le commandement de la garde le 1er août, et je suis venu à Paris me constituer prisonnier, plein de confiance dans la justice du roi, l'équité de mes juges et la loyauté de ma conduite. C'est sous cette protection que je suis venu volontairement m'exposer aux plus grands dangers. Si je suis condamné par les hommes, qui ne peuvent juger nos actions que par les apparences et les événements, je serai absous par mon juge le plus implacable, par ma conscience.

» Telle a été ma conduite dans les dernières circonstances ; je n'ai été guidé que par l'honneur et les obligations qui m'étaient imposées. Tant que la reconnaissance, la fidélité aux serments, l'obéissance et l'attachement au souverain seront des vertus parmi les hommes, ma conduite sera justifiée aux yeux des gens de bien.

» Quelques-uns trouveront peut-être que j'ai mal apprécié ma position, que je me suis exagéré les obligations qu'elle m'imposait ; mais j'ai suivi la ligne que j'ai cru tracée par l'honneur, et je serais coupable si je m'en étais écarté. Quoique je fasse le plus grand cas de l'opinion des hommes, je tiens encore davantage au témoignage de ma conscience, et mourir plutôt mille fois que de résister à ses impulsions.

» J'attends, messieurs, avec une respectueuse confiance, le jugement que vous allez prononcer. Si vous croyez que mon sang soit nécessaire pour assurer la tranquillité de la France, mes derniers moments auront encore été utiles à mon pays. Si vous n'écoutez que la voix de la justice, vous n'oublierez pas qu'à l'époque de l'invasion j'étais sujet d'un souverain étranger et dégagé de mes devoirs envers la France ; que j'étais attaché à Napoléon par les liens les plus sacrés, et que, sous peine d'infamie, il ne m'était pas permis d'opter entre mes vœux et les obligations que m'imposaient mes serments. Quel que soit le sort qui m'attend, j'emporterai la consolation d'avoir servi avec zèle et désintéressement, d'avoir fait tout le bien qu'il m'a été possible dans toutes les positions où la Providence m'a placé, et d'avoir toujours aimé ma patrie, pour laquelle je ferai des vœux jusqu'à mon dernier soupir. »

Ce discours empreint de noblesse et de simplicité parut émouvoir profondément l'assemblée.

Monsieur Girod de l'Ain prit à son tour la parole, et, dans un plaidoyer plein d'arguments indiscutables, prouva que le général avait cessé d'être français en vertu d'articles du code civil.

« Non, messieurs, dit-il en terminant, vous ne trancherez pas le cours d'une si belle vie, vous rendrez à l'armée un guerrier qui l'honore, et à la France un de ses enfants les plus chers qu'elle a été heureuse de retrouver, dont elle attend de nouveaux services et dont elle pleurerait longtemps la perte. »

Il était trois heures de l'après-midi quand le conseil se retira dans la salle des délibérations.

A neuf heures, il rentrait en séance et malgré la défense si pleine d'éloquence de l'accusé, malgré les conclusions si favorables du rapporteur, le chef de bataillon Delon, Drouot ne fut déclaré non coupable qu'à la majorité rigoureuse de trois voix contre quatre.

Aussitôt après le prononcé du jugement, le défenseur du général se rendit à la prison où il avait été réintégré pendant la délibération du tribunal, et il trouva son client plongé dans un profond sommeil ; il fut donc obligé de le réveiller pour lui apprendre l'heureuse issue de son procès.

Malgré les poignantes émotions de la journée,

Drouot, suivant son habitude, s'était couché à huit heures pour pouvoir reprendre de bon matin ses travaux journaliers.

Dans la soirée du 7 avril, Louis XVIII fit mander le général au château des Tuileries ; le roi lui parla avec bonté, loua l'attachement qu'il avait pour Napoléon et lui dit, en présence de toute sa cour, que la reconnaissance était la vertu des grands cœurs.

Louis XVIII ayant donné les ordres nécessaires pour qu'il n'y eût point de pourvoi en révision sur son procès, Drouot profita de la liberté qui lui était rendue pour prendre immédiatement la route de sa ville natale, heureux de goûter enfin les douceurs de la retraite, suivant le désir qu'il avait manifesté en diverses occasions.

« Je ne désire qu'une chose, avait-il souvent répété à l'empereur, c'est de me retirer dans ma province et d'aller mourir sur la paroisse où j'ai été baptisé. »

Napoléon apprit à Sainte-Hélène l'acquittement de son ancien aide-de-camp, et en témoigna sa satisfaction au docteur O'Méara, tout en lui faisant observer que, d'après les lois françaises, il pouvait être puni pour sa conduite.

Au mois de septembre 1820, le ministre de la

guerre fit offrir à Drouot le traitement de lieutenant-général en disponibilité.

Il ne crut pas devoir accepter cette faveur, et
dans sa biographie qu'il écrivit lui-même, il explique ainsi les motifs de son refus.

« Je n'ai pas accepté le traitement de disponibilité que m'offrait le ministre de la guerre par la
crainte de me voir rappelé à l'activité et de me
trouver dans la nécessité de rentrer dans les em-
plois et les honneurs, lorsque mon bienfaiteur
gémissait dans les fers sur un rocher de l'Atlan-
tique. »

On connaît assez Drouot pour être bien certain
qu'à cette époque il conservait encore l'espérance
d'aller tôt ou tard rejoindre son empereur.

Si le roi Louis XVIII, qui se connaissait en
hommes, affirmait qu'il ne trouverait pas son
pareil dans le royaume, Louis-Philippe professait
pour notre héros une estime non moins grande ;
car, en 1823, alors qu'il n'était encore que duc
d'Orléans, il lui avait offert la place de gouverneur de ses fils.

Drouot, toujours modeste, répondit au prince
qu'il n'osait pas accepter une pareille mission,
parce qu'il ne se sentait pas en état de la remplir

dignement, n'ayant pas les qualités et les vertus nécessaires. On a vu plus haut que Drouot conservait toujours l'espoir de revoir un jour son empereur. Quelle dut être sa joie quand il apprit que Napoléon venait de demander au gouvernement l'autorisation de l'appeler auprès de lui à Sainte-Hélène.

Il faisait à la hâte ses préparatifs de départ, quand les journaux annoncèrent la mort inattendue de l'illustre captif.

Le capitaine Collin, un de ses vieux compagnons d'armes, raconte dans le *Moniteur de l'armée* du 10 avril 1847 une conversation qu'il eut avec son ancien camarade quelques jours après que la fatale nouvelle fut parvenue en France.

« Un jour, Drouot, avec qui j'avais pris l'habitude de me promener à cheval tous les matins, me fit demander de partir plutôt que de coutume ; c'était pendant le mois de juin, nous gagnâmes rapidement un petit bois qui couronne Dommartemont ; alors s'arrêtant : « Eh bien, mon vieux camarade, me dit-il, il y a quatre jours, vous le savez, mes passe-ports étaient enfin arrivés..... encore une semaine, et j'étais en route pour Sainte-Hélène..... mais il est mort..... oui, l'empereur est mort..... » Et, le visage inondé de larmes, Drouot ajouta : « J'avais tant besoin de pleurer..... » Je ne pouvais le consoler, moi qui étouffais, car mes larmes ne coulaient pas.

» Après avoir mis pied à terre, Drouot erra pendant quatre heures dans les montagnes en répétant ces seuls mots : « L'empereur est mort ! et je n'ai pu le revoir !... »

» Cette journée, ajoute le capitaine Collin, fut bien certainement l'une des plus cruelles de toute la vie de mon bon général. Et cela se conçoit, car il avait aimé l'empereur et l'empire avec une passion toute chevaleresque : l'empire, parce qu'il l'estimait le plus haut point de gloire où la France fût parvenue depuis Charlemagne ; l'empereur, parce qu'il avait vécu avec lui pendant deux années de souffrances et de revers, et qu'il avait senti le cœur de l'homme à travers l'éclat du prince et l'orgueil du conquérant. La chute de ces deux géants, l'empereur et l'empire, fut pour lui un coup dont nous ne pouvons nous faire aucune idée, nous déjà si loin des événements et qui n'y avons pris d'autre part que d'en lire sur un papier froid et souvent ingrat le pâle récit ; mais ceux qui avaient mis dans ce prodigieux édifice vingt années de leurs fatigues et de leur sang, ceux qui avaient vieilli sur les champs de bataille entre la gloire et la mort à tout moment présentes et confondues, et qui dans l'élévation de la France croyaient avoir servi une cause patriotique et juste, ceux-là devaient éprouver, le jour où tomba cet ouvrage, une angoisse d'âme que nous aurions vainement l'espoir de peindre ou de ressentir. Drouot l'éprouva d'autant plus, dans son âpre et généreuse amertume, que seul entre tous il ne perdait rien. L'empereur, si élevé de caractère que nous le supposions, ne pouvait échapper au sentiment profond de sa ruine personnelle, d'autres avaient à s'inquiéter de leur part dans le nouveau régime qui s'inaugurait; pour Drouot, s'il n'eût regardé que lui-même, la fin de l'empire était une délivrance depuis longtemps souhaitée; il y avait déjà bien des jours qu'il aspirait à quitter la vie publique..... Il était assurément désintéressé quant à lui-même dans la catastrophe de son prince et de son pays, elle ne le touchait que comme un simple soldat, et c'est pourquoi il en reçut le coup tout entier (1). »

L'empereur, avant de fermer les yeux, voulut

---

(1) *Eloge funèbre du général Drouot*, par le R. P. Lacordaire.

donner à son fidèle serviteur une dernière preuve de son estime et de sa confiance. Par son testament en date de Longwood, du 24 avril 1821, il nomma le comte de Las Casas, à son défaut son fils et à son défaut le général Drouot, trésorier avec un legs de deux cent mille francs (dont, par suite de la réduction des legs, il ne toucha que le quart, soixante mille francs environ).

Les trente dernières années de sa vie, Drouot les passa dans la retraite, donnant l'exemple des vertus civiles comme il avait pratiqué les vertus militaires sur les champs de bataille, heureux d'être rentré dans l'obscurité d'où il semblait n'être sorti que malgré lui.

Napoléon le connaissait bien quand il disait de son aide-de-camp : « C'est un homme qui vivrait aussi satisfait, pour ce qui le concerne personnellement, avec quarante sous par jour qu'avec les revenus d'un souverain ; plein de charité et de religion, sa morale, sa probité et sa simplicité lui eussent fait honneur dans les beaux jours de la république romaine. »

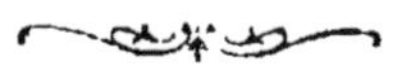

CHAPITRE XV.

Malgré la résolution qu'il avait prise de se retirer du monde, Drouot ne put se soustraire aux sollicitations qui lui furent adressées par ses concitoyens pour le décider à accepter la députation, mais il sut résister aux instances qui lui furent faites à ce sujet, et il se contenta de formuler et d'adresser à l'un des représentants de la Meurthe une profession de foi politique et des conseils dictés par la sagesse et le patriotisme le plus pur et le plus éclairé.

*A monsieur ***, député du département de la Meurthe.*

« Monsieur,

» Vous désirez avoir mon avis sur la conduite que vous devez tenir pour bien remplir les fonctions qui viennent de vous être confiées ; je m'empresse de répondre à la confiance dont vous voulez bien m'honorer en vous exposant les principes qui, selon moi, doivent diriger un bon et loyal député.

» 1° Vous serez fidèle au roi, à la charte ; notre fidélité inviolable à l'un et à l'autre peut seule assurer la tranquillité et le bonheur de la France.

» 2° Mandataire du peuple, vous défendrez avec intrépidité les libertés publiques ; mais vous n'oublierez pas que le gouvernement a besoin de force et de considération pour se faire respecter au dehors, pour inspirer dans l'intérieur la confiance et l'amour, et pour diriger avec succès les rouages d'une vaste administration ; vous regarderez donc comme un devoir sacré de défendre la majesté du trône et de conserver avec un respect religieux les droits et les prérogatives de la couronne.

» 3° Vous voterez avec les ministres quand leurs propositions vous paraîtront utiles à la France ; mais vous voterez contre les mesures qui porteraient la moindre atteinte à la charte, à la justice ou à la morale publique ; vous repousserez avec indignation tout ce qui pourrait altérer ou corrompre le noble caractère d'une nation franche, loyale et généreuse.

» 4° Vous ferez honorer la religion et les ministres des autels qui suivent avec humilité les préceptes de notre divin maître.

» 5° Vous proposerez toutes les économies qui vous paraîtront compatibles avec la justice, l'intérêt et la dignité de la France; c'est dans les années de calme et de repos qu'il faut diminuer les dépenses, approvisionner les places et les arsenaux et se préparer des ressources pour les temps difficiles. Si jamais la France était menacée dans son honneur et dans son indépendance, vous pourriez alors nous imposer les plus lourdes charges. Nous serions prêts à sacrifier nos biens et notre vie pour le salut de notre chère patrie.

» 6° Pendant la durée de vos fonctions, vous n'accepterez ni emploi ni faveur d'aucune espèce. Si vous avez bien rempli votre mandat, la reconnaissance de vos concitoyens sera pour vous la plus douce et la plus honorable des récompenses.

» Voilà, monsieur, les principes qui, selon moi, doivent guider un député; appuyé sur ces principes, vous marcherez d'un pas assuré dans la carrière honorable que vos concitoyens viennent d'ouvrir devant vous. Etranger aux factions, aux partis, aux coteries, vous n'aurez d'autre passion que l'amour du bien public, d'autre ambition que d'assurer le repos de la France, son bonheur et sa prospérité.

» Vous regrettez que je ne sois pas admissible à la chambre des députés, je ne puis en effet prétendre à cet honneur, puisque je ne paye pas le cens voulu par la loi; vous savez d'ailleurs que l'état de ma santé me met dans l'impossibilité de remplir des fonctions publiques. Plusieurs fois les électeurs de Nancy ont témoigné le regret de ne pouvoir m'honorer de leurs suffrages; les marques de confiance, d'estime et d'affection qu'ils m'ont données dans toutes les circonstances font la grande consolation de ma vie.

» J'ai l'honneur d'être, etc.

» Général Drouot. »

CHAPITRE XVI.

A l'époque de la deuxième invasion en 1815, Napoléon, avant de partir pour l'exil, confia à Drouot, pour le remettre au général Petit, le drapeau des grenadiers de la garde impériale.

Sous le règne de Louis-Philippe et après la mort du roi de Rome, le général Petit consulta Drouot au sujet de la destination qu'il se proposait de donner à ce drapeau. Voici quelle fut la réponse de l'ancien aide-de-camp de l'empereur :

« La France, ayant reconquis ses glorieuses couleurs, ne doit pas être privée du drapeau dont vous avez bien voulu être le dépositaire.

» Ce monument ne saurait être mieux placé qu'aux Invalides, sous les yeux des nobles débris de nos armées. »

Si le général Drouot avait conservé un tendre

attachement pour ses anciens compagnons d'armes, les soldats qu'il avait commandés ne l'avaient pas non plus oublié.

Pendant l'année 1831, il fit une assez grande maladie et on fit même courir le bruit de sa mort. Il venait d'entrer en convalescence quand il reçut la lettre suivante qui prouve à quel point il s'était fait aimer de ceux dont il avait partagé les dangers.

Paris, 6 décembre 1831.

« Mon Général,

» J'avais appris hier une chose qui me faisait beaucoup de peine; on disait que vous étiez mort, et on m'avait fait lire, pour me le prouver, un papier que je vous envoie, parce qu'il contient sur votre compte des choses très bien dites et qui surtout sont très justes et vraies. Il y a un proverbe qui dit qu'on doit dire la vérité aux morts. Celui qui a mis cet article dans le *Journal de Paris* du 5 décembre 1831, avait cependant oublié une chose, et qui est essentielle à mon idée, c'était de dire la manière dont vous saviez parler aux soldats et les gouverner.

» C'est une belle chose que la science, mon

général, mais moi je dis que ce n'est pas tout ;
la principale chose, selon moi, c'est de se faire
aimer du soldat, parce que si le colonel n'est
pas aimé, on ne se soucie pas beaucoup de
se faire tuer par les ordres de quelqu'un que l'on
déteste.

» A Wagram, en Autriche, par exemple, où
ça chauffait si fort et où notre régiment a tout
fait, est-ce que vous croyez que si vous n'aviez
pas été aimé comme vous l'étiez, les canonniers
de la garde auraient aussi bien manœuvré ? Vous
vous rappelez qu'après la bataille il manquait à
l'appel vingt-cinq hommes par compagnie dans
l'artillerie de la garde ; l'empereur fut si content
qu'il fit donner la croix à tous les sous-officiers.

» Moi, mon général, je le répète, je n'ai jamais trouvé un colonel qui sût parler comme
vous à un soldat ; vous étiez sévère, j'en con-
viens, mais juste. Jamais un mot plus haut
l'un que l'autre, jamais de jurements, jamais
de colère, enfin vous parliez à un soldat absolu-
ment comme s'il eût été votre égal.

» Il y a des officiers qui parlent aux soldats
comme s'ils étaient les égaux des soldats, mais
ça ne vaut rien du tout suivant moi.

» Je prends la liberté de vous faire écrire

ces quelques lignes par un de mes amis, parce que vous m'avez rendu un service que je n'ai pas oublié. Quand je suis sorti de la garde, par réforme à cause d'une blessure que je m'étais faite dans une manœuvre, le ministre ne voulait pas me donner la pension que je méritais ; mais vous avez eu la bonté de prendre vous-même la plume et de me faire la pétition la plus soignée que j'aie jamais vue ; vous l'avez fait transcrire ensuite par un sergent et vous l'avez apostillée. Quand le ministre a vu comme la chose était dite, ma foi, j'ai eu une pension tout de suite, et toutes les fois que je vais à la caisse, je dis en moi-même : c'est tout comme si cet argent-là sortait de la poche du général Drouot, car sans lui je n'avais rien.

» J'ai encore appris avec plaisir que Louis-Philippe vous avait fait pair de France, comme sous l'empereur en 1815.

» Il y a le fils d'un bourgeois que je connais qui dit que vous refuserez, mais je crois qu'il se trompe ; car l'empereur est mort (malheureusement) et votre serment doit mourir aussi.

» Excusez, mon général, un vieux canonnier de votre régiment de vous importuner ; mais quand j'ai su que vous n'étiez pas mort, j'ai senti un tel plaisir que j'ai voulu vous faire mes compliments.

> *Signé :* MAILLOT.

» Jean-Nicolas Maillot, canonnier à la quatrième compagnie à pied de la garde impériale, capitaine Lefrançais et ensuite capitaine Moquart. »

Drouot avait conservé jusque dans les dernières années de sa vie une activité d'esprit remarquable, et il savait suffire à tout; ainsi, malgré les occupations qu'il s'était créées dans son intérieur, il faisait encore partie de la société des sciences, lettres et arts de Nancy, et de la société d'agriculture dont il fut élu président après la retraite de Mathieu Dombasle.

De plus, quant après la révolution de juillet on organisa à Nancy la garde nationale, Drouot consentit à accepter le grade de lieutenant dans la compagnie d'artillerie, et, à la suite de la revue qui eut lieu le 26 septembre 1830 à l'occasion de la remise du drapeau, il écrivait au maire de Nancy :

« MONSIEUR LE MAIRE,

» Vous avez été témoin de l'enthousiasme montré par l'artillerie de la garde nationale, lorsqu'il fut question de marcher à la défense de la patrie. Au premier appel que fera le roi Louis-Philippe, la jeunesse lorraine marchera aux frontières..... Mes infirmités, quelque graves qu'elles soient, ne m'empêcheront pas de partir avec notre brave garde nationale; je serai heureux de lui prouver tout le prix que j'attache à l'honneur de servir dans ses rangs et d'offrir sous ses yeux les dernières gouttes de mon sang au roi et à la patrie. »

En 1834, devenu presque aveugle, il dut cesser tout service; mais il tint à être inscrit comme *canonnier à la suite* sur les contrôles de la compagnie.

Telle était la simplicité sublime de celui qui avait occupé le premier rang dans l'armée française.

Toujours préoccupé des soins à donner à la mémoire de l'empereur, jaloux en même temps de laisser à ses concitoyens des témoignages d'affection, il fit don à la ville de Nancy, pendant l'année 1835, de plusieurs objets précieux qu'il considérait comme d'inestimables reliques, et, entre autres, d'une croix qui avait appartenu à Napoléon.

Ce don qu'il faisait à sa ville natale était accompagné de la lettre suivante :

« Monsieur le Maire,

» J'ai l'honneur de vous offrir pour le musée de Nancy une étoile de la Légion d'honneur qui a été portée par l'empereur Napoléon, et un médaillon renfermant de ses cheveux qui ont été rapportés de Sainte-Hélène. Ces objets pourront être placés près du sabre turc qui m'a été donné par l'empereur, et dont j'ai fait hommage à ma ville natale le 5 décembre dernier. La vue de ces précieux souvenirs sera toujours chère à ceux qui savent combien l'empereur aimait les Français ; ils n'oublieront jamais que si Napoléon aimait passionnément la gloire, il aimait encore davantage la France.

» J'ai l'honneur d'être, etc.

» Drouot. »

Peu de temps avant de descendre dans la tombe, Napoléon avait dit :

« *Je désire que mes cendres reposent sur les bords de la Seine, au milieu de ce peuple français que j'ai tant aimé.* »

Ce dernier vœu du grand empereur allait être exaucé : le prince de Joinville, par ordre du roi

Louis-Philippe, son père, allait se rendre à l'île Sainte-Hélène pour y recueillir les restes mortels de celui qui avait porté si haut la gloire de nos armes. Désormais la France allait posséder tout ce qui restait de Napoléon : son tombeau, comme sa renommée, allait appartenir à son pays.

Cette nouvelle inattendue avait rempli de joie le cœur du général Drouot, et il exprima ainsi le bonheur qu'il en éprouvait :

« Le retour des cendres de l'empereur a comblé mes vœux et mes espérances ; chaque jour je bénis la sagesse royale d'un grand acte de réparation, et je rends des actions de grâce à la Providence qui m'a accordé la consolation d'être témoin de cet heureux événement. »

« Tant que Drouot conserva de la santé et pendant qu'il avait entrepris d'écrire ses mémoires, il fit de nombreuses excursions ; il allait sur les lieux où s'étaient livrées des batailles, rassembler des renseignements à l'appui des faits qu'il voulait raconter.

» Ces mémoires, composés sous l'inspiration de la conscience la plus pure, avec cette lucidité particulière d'esprit qui lui faisait toujours rencontrer le mot propre et vrai pour caractériser les faits, il les a détruits sans en rien conserver, et son testament porte une déclaration dans laquelle il désavoue tout ce qui serait publié en son nom (1). »

Depuis longtemps la vue du général s'affaiblissait de jour en jour, de graves infirmités étaient venues l'accabler et le déplorable état de sa santé l'avait empêché d'accepter le titre de pair de France; mais chaque fois qu'une question d'une certaine importance était soulevée, on avait recours à l'expérience du vieux général et on lui demandait son avis.

Au moment où il fut question d'entourer la capitale de fortifications, Drouot se montra zélé partisan de ce gigantesque projet.

L'estime dont on entourait le brave et loyal défenseur de la patrie se manifesta en cette circonstance, et voici comment s'exprimait en 1841 le journal le *Constitutionnel* :

« On nous écrit de Nancy que notre excellent compatriote, le général Drouot, malgré ses infirmités et l'état presque complet de cécité dans lequel il se trouve si malheureusement, s'occupe constamment de tout ce qui intéresse la dignité

---

(1) *Biographie du général Drouot*, par A. Lepage de Nancy.

et la grandeur de cette patrie qu'il a servie avec tant de zèle, de lumière et de dévouement. Il est un des partisans les plus consciencieux du projet de la fortification de Paris, qu'il a dès longtemps étudiée et qu'il juge plus que jamais nécessaire.

» Dans tous ses entretiens avec ses amis, il s'en explique avec cette chaleur, ce patriotisme, cette sincérité qui le distinguent si éminemment parmi ses plus illustres contemporains.

» L'opinion d'un militaire d'une si haute expérience, d'un citoyen d'une si haute vertu, doit être d'un grand poids, et nous sommes heureux de compter ce vrai et sincère patriote parmi ceux qui, étrangers à tout esprit de parti, mettent la défense du pays au-dessus de toutes les vanités de l'amour-propre et de toutes les manœuvres de l'ambition. »

En mars 1841, quand s'élevèrent à la chambre les débats relatifs au projet qui lui était soumis, Drouot, consulté à ce sujet par le député de la Meurthe, lui écrivit la lettre suivante ·

Nancy, le 24 mars 1841.

A monsieur Moreau, député de la Meurthe, premier président de la cour royale de Nancy.

« CHER PRÉSIDENT,

» Par votre lettre du 18 mars, vous me priez de vous faire connaître mon opinion sur les fortifications qui doivent entourer la capitale; je vais vous satisfaire en peu de mots.

» Quatre systèmes sont en présence :

» 1° Forts extérieurs revêtus en maçonnerie et casemates;

» 2° Une enceinte continue, bastionnée, terrassée avec escarpe revêtue en maçonnerie;

» 3° Forts extérieurs protégés par une enceinte de sûreté, consistant en un mur crénelé, protégé et flanqué en quelques endroits par des bastions;

» 4° Forts extérieurs protégés par une enceinte bastionnée avec escarpe revêtue en maçonnerie.

» Voyons donc ces quatre systèmes :

» 1° Les forts extérieurs sont indispensables pour retenir l'ennemi loin de la ville, le forcer à disperser, sur un circuit d'une immense étenduc, ses troupes et ses moyens d'attaque, et pour mettre la ville à l'abri de ses projectiles ; mais les forts n'atteindraient pas le but qu'on se propose, s'ils n'étaient protégés en arrière par une enceinte fortement constituée. En effet, si les corps ennemis passaient par les intervalles des forts pour venir insulter le mur d'octroi et menacer la ville, on verrait en peu de temps s'anéantir toute la défense extérieure ; et les forts, dans la crainte de compromettre les grands intérêts que renferme Paris, capituleraient long-temps avant l'épuisement de leurs moyens de résistance.

» L'histoire ne nous apprend-elle pas qu'il faut rarement compter sur la vigueur et l'énergie des hommes, lorsqu'ils peuvent se déguiser à eux-mêmes leur faiblesse et leur timidité sous des prétextes plausibles d'intérêt public ?

» 2° Enceinte continue, bastionnée et revêtue.

» Cette enceinte ne suffirait pas si elle était seule pour garantir la sûreté de la capitale. En effet, dès les premiers jours de son apparition, l'ennemi parviendrait à des positions que les forts extérieurs ne lui permettraient d'occuper qu'après une grande perte d'hommes et de temps et après l'épuisement presque total de ses moyens d'attaque ; dès l'établissement des premières batteries, les faubourgs seraient exposés à tous les ravages des projectiles de l'assiégeant.

» 3° Forts extérieurs protégés par une enceinte de sûreté.

» Les forts ne trouveraient pas dans cette enceinte une protection qui leur permît de faire une vigoureuse résistance ; les corps ennemis pourraient s'avancer par les intervalles des forts jusqu'à une petite distance de l'enceinte de sûreté, y établir des batteries que le travail d'une seule nuit pourrait masquer et couvrir suffisamment, causer du dommage à cette enceinte et jeter l'effroi et l'inquiétude dans toute la ville. La crainte ne manquerait pas d'exagérer l'effet de ces batteries ; la défense en serait paralysée et bientôt on songerait à capituler.

» Vous me parlez de Smolensk ; mais il n'y a aucune parité entre ce qui se passa à Smolensk et ce qui aurait lieu devant l'enceinte de sûreté, cette place était entourée par une muraille extrêmement épaisse, flanquée de tours qui étaient armées de canons.

» Nous avançâmes en rase campagne et en plein jour, et nous tirâmes presque toujours à grande distance ; les réserves de douze de la garde im-

périale que je dirigeais ne s'occupèrent point de
la muraille, et s'appliquèrent à éteindre le feu
des pièces qui incommodaient les troupes et en
avant desquelles nous étions postés; quelques
boulets perdus frappèrent seuls la muraille.

» 4° L'enceinte continue, bastionnée avec escarpe revêtue en maçonnerie, assure seule d'une
manière efficace la défense extérieure et met la
ville à l'abri de tous dangers. Un corps ennemi
aurait-il la témérité de passer entre les forts pour
s'approcher de cette enceinte, il serait aussitôt
foudroyé et réduit en poudre par les nombreuses
pièces qu'on établirait sur tous les fronts qui auraient vue sur son mouvement.

» Le quatrième système réunit tous les avantages; il n'a d'autre inconvénient que d'occasion-
ner une très grande dépense; il exigera en effet
cent quarante millions, mais cet argent sera
placé à de très gros intérêts.

» Une fois que la sûreté de Paris reposera sur
un bon système de fortifications, on pourra diminuer sensiblement l'effectif de l'armée sur pied
de paix, ce qui produira chaque année une économie qui excédera de beaucoup les sept millions
qui représentent les intérêts du capital dépensé.

» Ma conviction des avantages de ce quatrième

système est si profonde que, si les travaux s'exécutaient par souscription, j'offrirais tout ce que je possède, y compris même ma pension de retraite; et, comme il ne me resterait plus aucun moyen d'existence, j'irais passer le reste de mes jours à l'hospice des vieillards, où j'occuperais une des places que j'ai fondées en faveur de mes vieux soldats; je serais heureux, au moment de descendre dans la tombe, d'avoir contribué à l'exécution d'une mesure qui assurera l'indépendance et la prospérité de mon pays.

» Je vous prie, cher président, d'agréer mes sentiments les plus affectueux.

» Général DROUOT. »

Napoléon, Vauban et bien d'autres hommes célèbres, compétents en pareille matière, partageaient du reste cette opinion.

CHAPITRE XVII.

Depuis qu'il s'était retiré à Nancy, Drouot partageait son temps entre la lecture des travaux scientifiques et la relation des événements dont il avait été témoin.

Lorsqu'en 1833 sa vue se fut complétement éteinte, le pauvre aveugle eut recours à une lectrice, et il s'en trouva une bien digne de remplir près de l'illustre vieillard ces honorables fonctions.

Mademoiselle Lacretelle (1) avait depuis longtemps pour Drouot la plus vive et la plus sincère affection, et le général de son côté lui avait voué une amitié inaltérable ; car il avait su apprécier

(1) Mademoiselle Lacretelle, lectrice du général Drouot, était parente du célèbre Lacretelle, membre de l'Académie française.

ses éminentes qualités, et il était bien sûr que sa lectrice ne l'abandonnerait jamais.

Jusqu'au dernier jour de sa vie, Drouot, quoique aveugle, ne cessa pas de s'occuper de sa correspondance.

« Il avait pour cet objet fait faire un pupitre mécanique à l'aide duquel il pouvait s'exercer une heure ou deux par jour. C'était ce qu'il appelait *sa leçon d'écriture*. Il n'y manqua pas une seule fois, même pendant les derniers jours de sa vie (1). »

Drouot était très charitable, et jamais il ne laissa échapper une occasion de soulager la misère d'autrui; aussi, il est impossible d'énumérer les actes de charité qu'il fit pendant les années de son séjour à Nancy.

Admis à la retraite, il touchait du gouvernement cinq mille quatre cent soixante-quinze francs à titre de lieutenant-général, mille francs en qualité de donataire dépossédé et cinq mille francs comme grand'croix de la Légion d'honneur. Et de ces onze mille quatre cent soixante-quinze francs, il ne s'en réservait que deux mille quatre

---

(1) *Biographie du général Drouot*, par Nollet de Nancy.

cents. C'était la somme qui lui avait paru, dès sa jeunesse, pouvoir suffire à toutes les nécessités de son existence et de sa position. Napoléon lui avait laissé deux cent mille francs par son testament; il n'en reçut que soixante mille par suite de la réduction des legs, et il les employa au soulagement d'anciens militaires dénués de secours. « Je suis heureux, écrivait-il, mille fois heureux d'avoir pu reconnaitre les bienfaits de l'empereur en les répandant sur des soldats qui ont supporté les fatigues de nos longues guerres sans en recevoir la récompense, et surtout sur les braves vétérans de la garde qui ont suivi mon bienfaiteur à l'île d'Elbe, et qui lui ont donné tant de preuves de leur amour et de leur dévouement. »

Pendant l'hiver rigoureux qui précéda sa mort, Drouot, se préoccupant comme toujours des souffrances que les pauvres avaient à endurer, leur avait distribué tout l'argent qu'il possédait. Apprenant un jour qu'une famille de son voisinage se trouvait dans le plus affreux dénuement, il se souvint d'un grand uniforme qu'il avait conservé comme souvenir du passé; cet uniforme était couvert de galons d'or, il les fit découdre et en tira une certaine somme qui avait d'avance sa destination. Et comme un de ses neveux paraissait regretter de voir anéantir une précieuse relique qui, suivant lui, n'aurait pas dû sortir de la famille,

« Mon neveu, lui dit le général, je vous aurais volontiers donné mon ancien uniforme, mais j'aurais craint que vos enfants, en voyant le riche habit de leur oncle, ne fussent tentés d'oublier une chose qu'ils doivent se rappeler toujours : c'est qu'ils sont les petits-fils d'un boulanger. »

Drouot jouissait dans sa retraite du seul bonheur qu'il avait toujours rêvé, il aimait par-dessus tout la solitude et il se plaisait à refaire le passé ; aussi répétait-il souvent à ses neveux et à quelques rares amis, seuls admis dans son modeste intérieur :

« J'ai de graves infirmités, et cependant, si j'avais encore vingt ans, je demanderais à Dieu de recommencer les vingt dernières années de ma vie ; car, aujourd'hui, arrivé près du terme de ma carrière, j'attends en paix qu'il plaise à Dieu de me rappeler à lui pour me réunir à mon père, à ma mère et à mon empereur. »

CHAPITRE XVIII.

Antoine Drouot rendit son âme à Dieu le 24 mars 1847, à six heures du soir et à l'âge de 73 ans passés, après avoir reçu les secours spirituels de la religion.

« Qu'on ne croie pas que la foi du général Drouot fût une foi qui ne s'élevât pas jusqu'aux pratiques vulgaires de la religion. Il croyait à tout, et il accomplissait tout. Il disait un jour à l'empereur qu'*il ne désirait qu'une chose, habiter sur la paroisse où il avait été baptisé*. L'idée de son baptême, par lequel il avait été fait enfant de Dieu, pénétrait son cœur d'un pieux souvenir, et l'église où il avait reçu ce sacrement de la vie véritable formait pour lui, avec tout son territoire, une patrie spirituelle qui ne lui était pas moins chère que la patrie temporelle. Il disait souvent qu'il eût préféré une cabane dans ce coin sacré de sa terre natale à un palais bâti partout ailleurs. Il y acheta en effet la modeste habitation où il a passé les vingt dernières années de sa vie et où on l'a vu mourir. Il ne manquait pas de faire offrir le sacrifice du corps et du sang de Jésus-Christ aux jours commémoratifs de la mort de son père, de sa mère et de l'empereur Napoléon. Il communiait plusieurs fois dans l'année, et on ne saurait dire avec quel respect militaire et filial il recevait dans sa solitude le Dieu qui avait réjoui sa jeunesse, protégé sa vie de soldat et qui répandait sur la fin de ses jours une inénarrable consolation (1). »

Dès le matin du jour de ses obsèques, sa ville natale avait pris un aspect funèbre.

Le général, par une clause de son testament, avait exprimé le désir d'être inhumé sans pompe, que nuls honneurs militaires ne lui fussent rendus, et qu'aucun discours ne fût prononcé sur sa tombe. Mais on ne tint aucun compte de ses recommandations, il appartenait à la France, et la France tint à faire à celui qui l'avait illustrée de somptueuses funérailles.

« La beauté, la pompe, l'air de grandeur de

---

(1) *Oraison funèbre du général Drouot*, par le R. P. Lacordaire.

ce cortége spontané, à la fois officiel et popu-
laire, dépassait de beaucoup la nature de ce
qu'aurait rendu présumable le nombre des habitants ; et certainement, de toutes les villes de
quarante mille âmes, Nancy est la seule au monde
où fût possible le spectacle d'un si majestueux
enterrement (1). »

On lui rendit au cimetière les honneurs militaires qu'il avait refusés par modestie, et le préfet
de la Meurthe, monsieur L. Arnault, lui adressa
ces dernières paroles :

« Au nom du roi, au nom de la France, au
nom de ce département, de cette ville qui étaient
pour vous une patrie dans la patrie, adieu. Vous
fûtes héroïque comme soldat, sublime comme
citoyen, nous vous pleurons, nous ne vous plai-
gnons pas ; votre vie est irréprochable, vos souffrances viennent de finir et votre immortalité
commence. »

On ne saurait mieux terminer ces pages qu'en
reproduisant, après les paroles bien senties du
préfet de la Meurthe, les dernières lignes de
l'éloquent panégyrique du R. P. Lacordaire.

« Vieille terre de France et de Lorraine, con-

---

(1) *Histoire et tableau*, par Guerrier de Dumast.

servez-en avec respect tout ce que l'éternité n'a pu vous ravir encore de l'homme que vous regrettez, jusqu'au jour où votre poudre, sanctifiée par la sienne, entendra la voix de Dieu, et où le général Drouot nous apparaîtra tel que nous le connûmes, soldat sans tache, capitaine habile et intrépide, ami fidèle de son prince, serviteur ardent et désintéressé de la patrie, solitaire stoïque, chrétien sincère, humble, chaste, aimant les pauvres jusqu'à se faire pauvre lui-même ; l'homme enfin le plus rare, sinon le plus accompli, que le XIXe siècle ait présenté au monde dans la première moitié de son âge et de sa vocation. »

Il ne manquait à la gloire du général Drouot que les éloges de l'étranger, mais ils ne lui firent pas défaut ; le *Times*, journal anglais, insérait dans son numéro du 2 avril 1847 les lignes suivantes :

« Le comte Drouot vient de mourir à Nancy.

» Sous un certain rapport, on peut dire de lui qu'il a été le bras droit de l'empereur, car Napoléon gagnait ses batailles avec sa garde et son artillerie, et Drouot était général d'artillerie de la garde.

» Lorsque Napoléon commença à organiser en

1806 sa garde impériale avec les cadres de la vieille garde consulaire, il y avait dans cette dernière une compagnie d'artillerie forte seulement de cent hommes, il se contenta d'en porter le nombre à trois compagnies, chacune de deux cents hommes. Trois ans après, il y ajouta huit compagnies d'artillerie à pied sous le commandement de Drouot. Il devenait de plus en plus convaincu de l'importance de cette arme, et à tel point qu'en 1813, par suite d'augmentations successives, l'artillerie de la garde seule atteignit le chiffre de 193 canons.

» Telle était cette arme terrible, maniée avec tant de vigueur par Drouot, arme dont les éclairs annonçaient plus infailliblement le sort des empires et la chute des royaumes que ne l'a jamais fait la queue flamboyante d'une comète.

» Nous ne dirons pas précisément que Drouot était à Napoléon ce que Dickson était au duc de Wellington, car l'officier anglais était peut-être un talent militaire plus vaste; mais dans la capacité spéciale de sa sphère d'action, en bravoure, en fermeté, et surtout en cette sainte honnêteté, en fidélité inébranlable, en vertu sans tache, le comte Drouot n'avait pas de supérieurs et fort peu d'égaux parmi cette foule de héros qui avaient élevé l'empereur sur le pavois de la gloire.

» Dans l'art de pointer et de manipuler le canon, Drouot n'avait point de rival. Un jour, au passage de l'Elbe, en 1813, l'empereur, apercevant l'ennemi sur l'autre rivage, cria : « *Cent pièces de canon par ici.* » Drouot fut bientôt à ses côtés; mais l'empereur était si impatient du succès, que l'effet de l'artillerie n'ayant pas été aussi immédiat qu'il le désirait, il mit pied à terre et alla au général Drouot à qui il tira un peu rudement l'oreille. Drouot subit la correction avec patience et défia l'empereur de mieux placer les canons. L'empereur déclina le défi avec le rire d'un enfant apaisé.

» Lorsque vint le tour des désastres, lorsque ceux qui devaient leur élévation à la faveur de l'empereur l'abandonnèrent l'un après l'autre, Drouot resta fidèle à son maître ; *et si omnes, ego non.* Avec Macdonald, avec Bertrand et Fain, avec Cambronne et Caulincourt, il se présenta au dernier lever de Fontainebleau, et enfin il suivit son souverain à l'île d'Elbe avec autant de dévouement qu'il avait mis à le suivre à Dresde.

» Nous parcourons une longue liste de noms brillants dans le livre d'or de l'empire avant de rencontrer un autre nom qui mérite, autant que celui du général comte Drouot, d'être l'orgueil de ses compatriotes et l'objet de respect de l'ennemi. »

CHAPITRE XIX.

Dans sa séance extraordinaire du 27 mars 1847 , le conseil municipal de Nancy prit à l'unanimité la décision suivante :

1° Il sera élevé dans la ville de Nancy une statue à la mémoire du général Drouot;

2° A cet effet, il sera ouvert une souscription à laquelle l'armée, la France entière seront appelées à concourir;

3° La ville de Nancy souscrit pour une somme de six mille francs, en regrettant que l'état de ses finances ne lui permette pas de consacrer

une somme plus importante à cette pieuse destination ;

4° Une commission de cinq membres est char-
gée de préparer les moyens d'exécution de la
présente délibération.

Par ordre du roi Louis-Philippe, une statue
du comte Drouot fut placée dans le musée de
Versailles.

Si le général Drouot, dont la charité était iné-
puisable, se plut à partager les pensions qu'il
tenait du gouvernement avec ses anciens soldats, tout en leur laissant ignorer la main qui
venait à leur secours, il se réserva toujours
une partie de son patrimoine qu'il consacrait à
de bonnes œuvres dont la plupart devaient lui
survivre.

En voici le détail officiel :

*Fondations faites au bureau de bienfaisance de
Nancy.*

Pour fondation de deux demi-bourses et un
quart de bourse à l'école normale primaire de
Nancy, 438 francs.

Pour secours aux instituteurs primaires et aux
veuves d'instituteurs, 162 francs.

Pour instruction des enfants aveugles ou des enfants sourds-muets , 300 francs.

Pour apprentissage de métiers aux enfants pauvres du sexe masculin , 50 francs.

Pour l'instruction professionnelle de filles pauvres , 50 francs.

Pour les salles d'asile de l'enfance, 300 francs.

Pour le dépôt de mendicité, 300 francs.

Pour l'admission de jeunes filles dans les asiles ouverts aux filles repentantes, 300 francs.

Pour les aliénés , ou secours aux familles qui se trouvent dans le besoin à cause de l'aliénation mentale d'un de leurs membres , 150 francs.

Du 6 janvier 1844 : une rente de 100 francs spécialement affectée en faveur des jeunes filles à l'école normale , et subsidiairement à faire apprendre des métiers à des enfants des deux sexes.

Du 1er avril 1845 : une rente de 50 francs dont l'emploi devait avoir lieu ainsi qu'il est ci-dessus énoncé.

Du 4 avril 1846 : une rente de 100 francs dont 50 francs pour l'école normale des filles, ou pour faire apprendre des métiers à des enfants du sexe masculin, et l'autre moitié destinée aux crèches ou à donner des secours à des mères qui ne pourraient pas remplir les devoirs de la maternité.

Du 8 juillet 1846 : une rente de 70 francs, dont 40 francs sont affectés aux crèches et 30 francs aux aliénés.

Fondations faites aux hospices civils de Nancy.

Le 10 décembre 1831 : une somme de 4,000 francs pour un lit de vieillard à l'hospice Saint-Julien.

Le 8 mai 1832 : une somme de 3,280 francs pour un lit d'orphelin à l'hospice Saint-Stanislas.

Le 8 mai 1832 : une dotation de 600 francs pour, les intérêts de ladite somme accumulés depuis le jour de l'admission de chaque orphelin dans le lit fondé ci-dessus jusqu'à celui de son remplacement, former un fonds de réserve qui lui sera remis à l'époque de sa majorité ou de son mariage.

Le 19 septembre 1832 : une somme de 4,000 francs pour un lit de vieillard ou d'incurable à l'hospice Saint-Julien.

Le 17 janvier 1838 : une somme de 5,500 francs pour un lit de vieillard ou un incurable âgé de 15 ans au moins.

Le 3 octobre 1844 : une rente annuelle de 150 francs pour un lit d'orphelin à l'hospice Saint-Stanislas.

Le 4 février 1846 : une rente annuelle de 30 francs, qui sera versée à la caisse d'épargne tous les six mois, pour le compte de l'enfant qui occupera le lit fondé à l'hospice Saint-Stanislas.

Maison des orphelines.

Le 3 février 1835 : fondation d'une place d'orpheline , moyennant une rente de 150 francs.

Etat de services et campagnes du général Drouot.

Lieutenant au 1er régiment d'artillerie à pied, le 1er juillet 1793.

Capitaine, le 25 février 1796.

Chef de bataillon au 4e, le 20 septembre 1805.

Lieutenant-colonel au 3e, le 19 janvier 1807.

Lieutenant-colonel dans l'artillerie de la garde et aide-de-camp, le 27 août 1808.

Colonel, le 9 juillet 1809.

Maréchal-de-camp, le 10 janvier 1813.

Lieutenant-général, le 3 septembre 1813.

Campagnes.

Du 1er juillet 1793 au 6 fructidor an VII (23 août 1799), six ans, un mois, vingt-deux jours.

Du 9 prairial an VIII au 1er prairial an IX, armée du Rhin, onze mois, vingt-deux jours.

Du 23 brumaire au dernier jour de l'an XIII, embarquement pour l'expédition américaine, dix mois, douze jours.

Rentré à Strasbourg et nommé inspecteur de la manufacture d'armes de Maubeuge, le 20 brumaire an XIV.

Du 11 mars 1808 au 31 décembre 1809, un an, neuf mois, vingt jours en Espagne.

1812, 1813, 1814, jusqu'au 11 avril, grande armée en France.

Total général des services.

Seize ans, deux mois, douze jours.

Détail des campagnes.

1793, armée du Nord.

Ans II, III et IV, armée de Sambre-et-Meuse.

An V, armée du Rhin.

Ans VI et VII, armée de Naples.

Ans VIII et IX, armée du Rhin.

An XIII, embarqué à Toulon pour l'expédition d'Amérique; Strasbourg, Maubeuge.

1808, armée d'Espagne.

1809, même armée et armée d'Allemagne.

1812, 1813 et 1814, grande armée en Russie, en Saxe et en France.

Extrait du testament de Napoléon Ier.

Cejourd'hui 15 avril 1821, à Longwood, île de Sainte-Hélène. — Ceci est mon testament ou acte de ma dernière volonté.

1° Je meurs dans la religion apostolique et romaine, dans laquelle je suis né il y a plus de cinquante ans.

2° Je désire que mes cendres reposent sur les bords de la Seine, au milieu de ce peuple français que j'ai tant aimé. . . . .

. . . .

1° Je lègue à mon fils les boîtes, ordres et autres objets, tels que argenterie, lit de camp, armes, selles, éperons, vases de ma chapelle, livres, linges qui ont servi à mon corps et à mon usage, conformément à l'état annexé, côté A. Je désire que ce faible legs lui soit cher, comme lui retraçant le souvenir d'un père dont l'univers l'entretiendra.

2° Je lègue à lady Holland le camée antique que le pape Pie VI m'a donné à Tolentino.

3° Je lègue au comte Montholon, deux millions de francs comme une preuve de ma satisfaction des soins filials qu'il m'a rendus depuis six ans, et l'indemniser des pertes que son séjour à Sainte-Hélène lui a occasionnées.

4° Je lègue au comte Bertrand cinq cent mille francs.

5° Je lègue à Marchand, mon premier valet de chambre, quatre cent mille francs. Les services qu'il m'a rendus sont ceux d'un ami : je désire qu'il épouse une veuve, sœur ou fille d'un officier ou soldat de ma vieille garde.

6° *Idem* à Saint-Denis, cent mille francs.

7° *Idem* à Novarre, cent mille francs.

8° *Idem* à Péron, cent mille francs.

9° *Idem* à Archambaud, cinquante mille francs.

10° *Idem* à Corsor, vingt-cinq mille francs.

11° *Idem* à Chandell, *idem*.

12° *Idem* à l'abbé Vignali, cent mille francs. Je désire qu'il bâtisse sa maison près de Ponte-Novo de Rostino.

13° *Idem* au comte de Las Cases, cent mille francs.

14° *Idem* au comte de Lavalette, cent mille francs.

15° Je lègue au chirurgien en chef Larrey, cent mille francs. C'est l'homme le plus vertueux que j'aie connu.

16° *Idem* au général Brayer, cent mille francs.

17° *Idem* au général Lefèvre Desnouettes, cent mille francs.

18° *Idem* au général Drouot, cent mille francs.

19° *Idem* au général Cambronne, cent mille fr.

20° *Idem* aux enfants du général Mouton-Duverney, cent mille francs.

21° *Idem* aux enfants du brave Labédoyère, cent mille francs.

22° *Idem* aux enfants du général Girard, tué à Ligny, cent mille francs.

23° *Idem* aux enfants du général Chartrand, cent mille francs.

24° *Idem* aux enfants du vertueux général Travot, cent mille francs.

25° *Idem* au général Lallemand, l'aîné, cent mille francs.

26° *Idem* au comte Réal, cent mille francs.

27° *Idem* à Costa de Bastilica, en Corse, cent mille francs.

28° *Idem* au général Clausel, cent mille francs.

29° *Idem* au baron de Meneval, cent mille fr.

30° *Idem* à Arnault, auteur de *Marius*, cent mille francs.

31° *Idem* au colonel Marbot, cent mille francs. Je l'engage à continuer à écrire pour la défense de la gloire des armes françaises, et en confondre les calomniateurs et les apostats.

52° Je lègue au baron Bignon, cent mille francs. Je l'engage à écrire l'histoire de la diplomatie française de 1792 et 1815.

33° *Idem* à Poggi di Talaro, cent mille francs.

34° *Idem* au chirurgien Emmery, cent mille fr.

35° Ces sommes seront prises sur les six millions que j'ai placés, en partant de Paris, en 1815, et sur les intérêts à raison de 5 pour 100, depuis juillet 1815. Les comptes en seront arrêtés avec le banquier, par les comtes Montholon, Bertrand et Marchand.

36° Tout ce que ce placement produira au delà de la somme de 5,600,000 francs, dont il a été disposé ci-dessus, sera distribué en gratifications aux blessés de Waterloo, et aux officiers et soldats du bataillon de l'île d'Elbe, sur un état arrêté par Montholon, Bertrand, Drouot, Cambronne et le chirurgien Larrey. . . . . .

J'institue les comtes Montholon, Bertrand et Marchand mes exécuteurs testamentaires.

Je nomme le comte de Las Cases, et à son défaut, son fils, et à son défaut, le général Drouot, trésorier. . . . .

Ceci est écrit de ma propre main, signé et scellé de mes armes.

NAPOLÉON.

FIN.

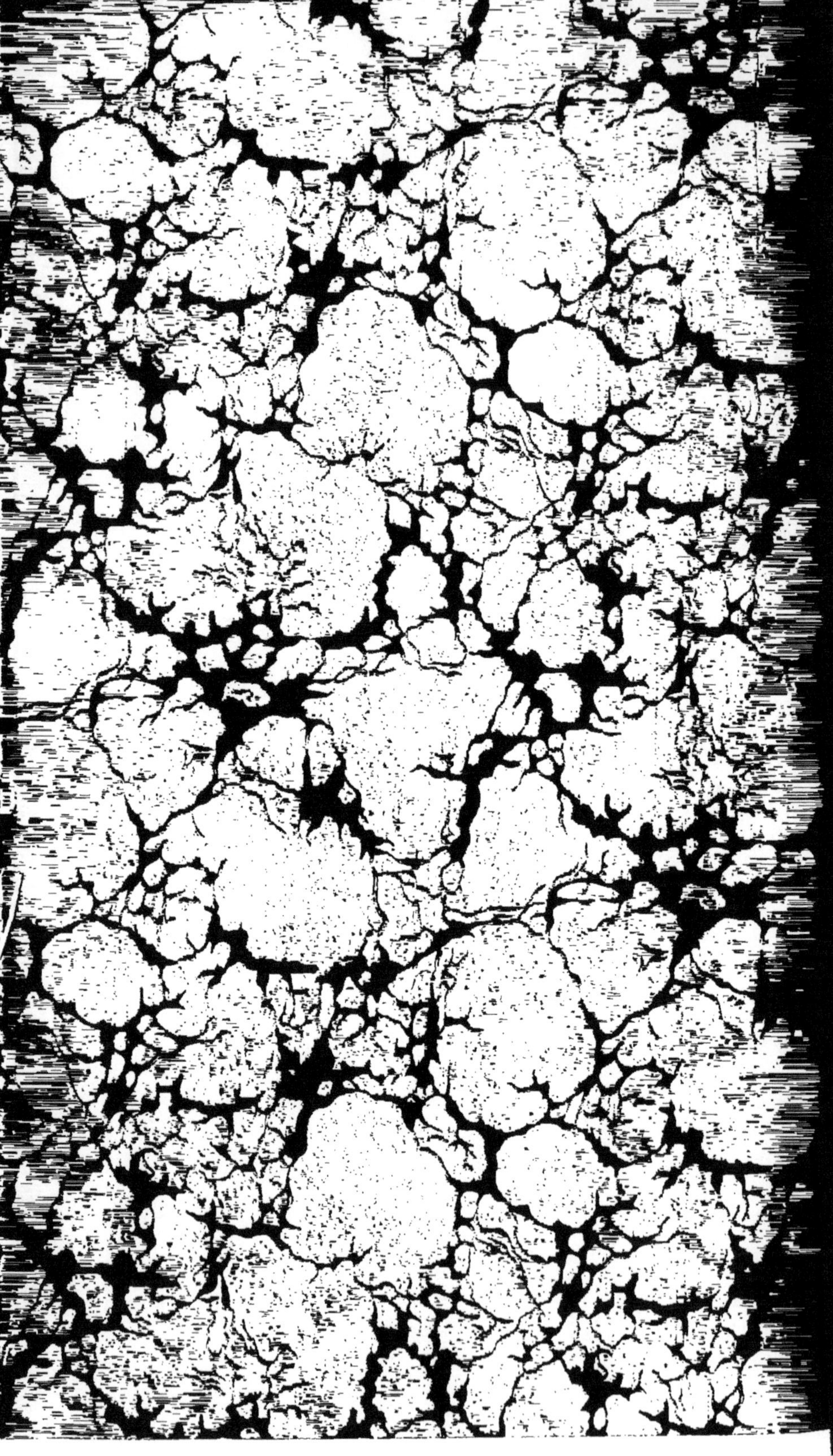

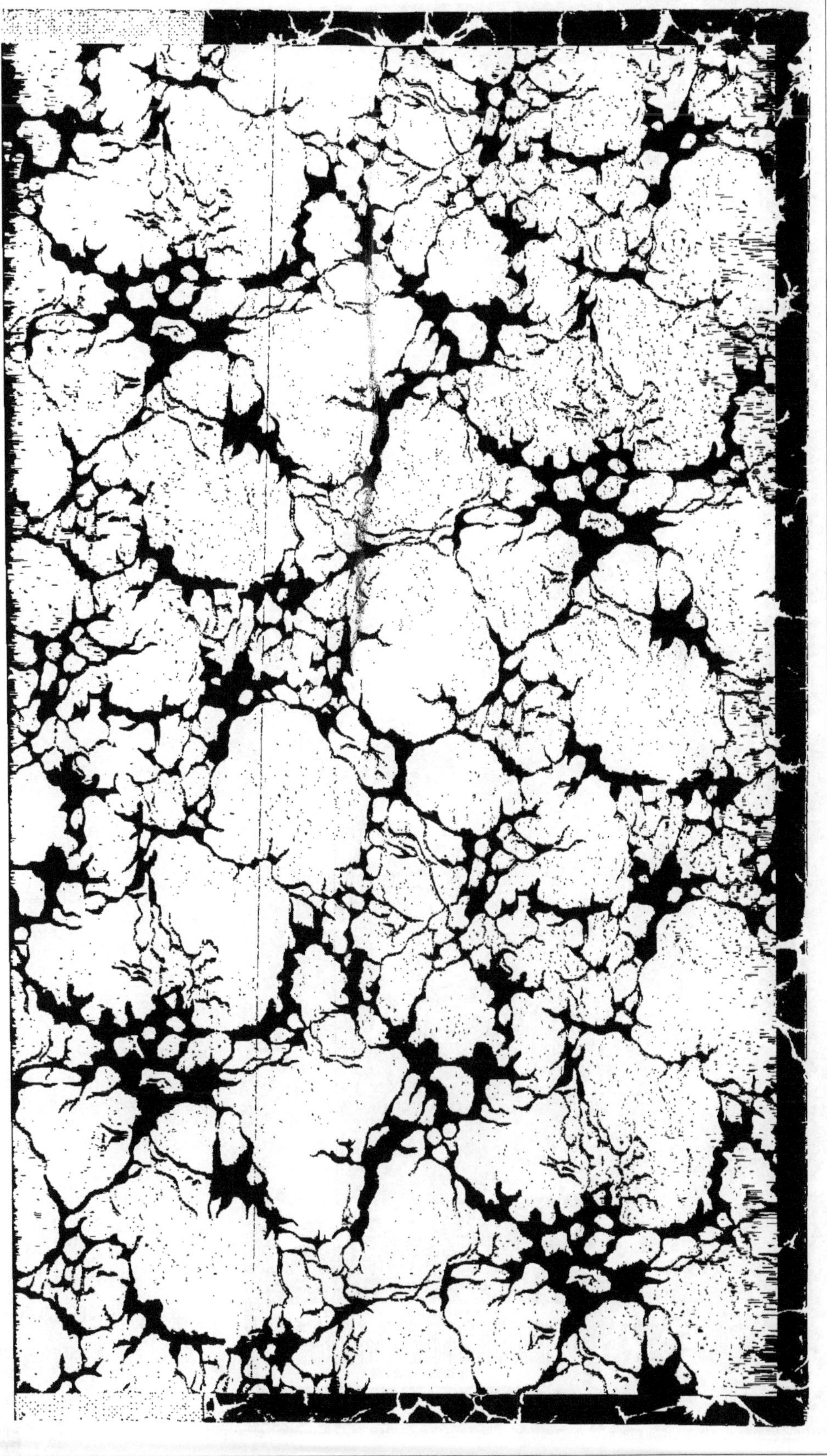

9 782019 625283